# 楽譜を見るのが
## うれしくなる方法と
### プレイに直結させるコツ

いちむら まさき 著

Rittor Music

## はじめに
### Prologue

読譜に
デメリットはありません！
メリットはたくさんあります。

19世紀にエジソンが蓄音機を発明したことによって、音を録音して後世に残す手段ができましたが

それ以前に生まれた（現代ではクラシックと呼ばれる）音楽は、生演奏でしか聴くことはできませんでした。

では、モーツァルトやバッハなどの作曲家は、どうやって音楽を残したのでしょう？

楽譜です。楽譜が自作曲を後世に残す唯一の方法だったのです。楽譜は、録音物なしで人に「弾き方」を伝える最速の手段なのです。

※楽譜は9世紀に生まれたと言われており、音を記録する機械の基礎はエジソンより少し前に発明されています。

# もくじ
## Contents

| | |
|---|---|
| **はじめに** | 003 |
| Introduction ──本書を読み進めるにあたって | 010 |

### 第0章 楽譜がうれしいって、どういうこと？ | 015

### 第1章 コード楽譜で進行のコツをつかもう | 031

| | |
|---|---|
| **歌詞にコードの楽譜** | 034 |
| 音楽の概念は拍子 | 034 |
| 膝を叩けば拍子がわかる | 035 |
| ミュージシャンはドラムが叩ける | 035 |
| すぐにリズムは弾かない | 035 |
| 多くは1列が4小節で書かれている | 036 |
| コード・チェンジの箇所は予想できる | 037 |
| イントロの斜め線や間奏などでの矢印 | 038 |
| 見慣れないコードの対処法 | 038 |
| 分数コードとは？ | 039 |
| 低音の動きを見つける | 039 |
| テンポは書いていない | 040 |
| テンポとは？ | 040 |
| リズムとは？ | 041 |
| シャフル記号は書いてはいないので | 041 |
| 目線は常に先の小節 | 041 |
| **曲の構成を覚えるために** | 042 |
| 楽曲の構成を自分で紙に書く | 042 |
| コード譜を自作してみよう | 043 |

### 第2章 進行構成のルールを知ろう | 045

| | |
|---|---|
| **楽譜の進行は双六（すごろく）** | 046 |
| 曲を聴きながら1曲で考えれば | 046 |
| くり返しマーク | 047 |
| カッコを知ろう | 047 |
| ジャンプ移動 | 048 |

| さまざまなエンディング | | 049 |
|---|---|---|
| **コードやフレーズが同じ場合のくり返しマーク** | | 050 |
| 書き込みを減らすための便利マーク | | 050 |
| 特殊な反復、長い休み | | 051 |
| 音符の省略 | | 051 |
| 拍単位でくり返すマーク | | 052 |
| 実は市販の譜面は覚えにくい | | 052 |
| くり返しを入れた自作譜の例 | | 053 |

## 第3章 リズム譜だけをマスターしよう 055

| **音楽の基本は 2 か 4 の倍数** | | 058 |
|---|---|---|
| 細かいリズムからマスターしよう | Track 01 | 058 |
| 16 分音符（じゅうろくぶおんぷ）の表記法 | Track 02 | 059 |
| 16 分音符と休符の組み合わせに慣れよう | Track 03~05 | 060 |
| 読みにくいタイミングを読むコツ | Track 06 | 061 |
| 16 分音符の 2 つ分の長さが 8 分音符 | Track 07 | 062 |
| 8 分音符と休符の組み合わせに慣れよう | Track 08~10 | 063 |
| 8 分音符の 2 つ分の長さが 4 分音符 | Track 11 | 064 |
| 4 分音符と休符の組み合わせに慣れよう | Track 12~14 | 065 |
| **あとはまとまっていくだけ** | | 066 |
| 4 分音符の 2 つ分の長さが 2 分音符 | Track 15 | 066 |
| 2 分音符の 2 つ分の長さが全音符 | Track 16 | 067 |
| ここまでを一旦まとめ | | 068 |
| 持っている楽譜でリズムだけを読んでみよう | Track 17 | 069 |
| **その他の法則** | | 070 |
| 3 個分の音の長さは、1＋0.5 | | 070 |
| 1.5 倍が含まれるリズム練習 | Track 18~20 | 071 |
| 休符を 1.5 倍にする練習 | Track 21~23 | 072 |
| タイでつなぐシンコペーション | Track 24~25 | 073 |
| **複雑なリズム譜を読むコツ** | | 074 |
| どんなリズムも 16 で考えれば答えは出る | Track 26 | 074 |
| 両手でリズムを把握する | Track 27 | 075 |
| **別の拍子も表記の基本は 4 拍子** | | 076 |
| 3 拍子の数え方 | Track 28~29 | 076 |
| 途中で拍子が変わる例 | Track 30 | 077 |
| 3 連符 | | 078 |
| 6 連符 | Track 31~32 | 078 |

| 跳ねるリズム＝シャッフル | Track 33~34 | 079 |
| 16分シャッフル | Track 35~36 | 080 |
| 第3章のまとめ | | 081 |

## 第4章 ギタリストのプレイに直結する読譜 083

**弦楽器のみのTAB譜とは？** 084
　TAB譜の見方 084
　旗が上下に分かれているTAB譜 085
**少し戸惑う書き方** 086
　アウフタクトとスラー　　　　Track 37~38 086
　テクニック記号 087
**知ると上達する表記方法** 088
　ダウン＆アップ・ピッキング 088
　装飾音符について　　　　　　Track 39 088
　ユニゾンは同時にピッキング　Track 40 089
　トリルとグリッサンド　　　　Track 41~42 089
　まだあるギター・テクニック　Track 43~48 090

## 第5章 音符を読むコツ 093

**音符が読める利点** 096
　他楽器のメンバーと共有しやすく、視覚的に見やすい 096
　数字は読む、音符は見る 097
**少ない音からはじめよう** 098
　五線譜には2種類の表記方法がある 098
　最初にマスターするポジションを決める　Track 49 099
　練習法は3種類 100
　トライする癖を持とう　　　　Track 50~51 101
**これが読譜のコツだ！** 102
　音は隣に移動＆戻ることが多い 102
　隣の隣はジャンプ 103
　メロディは音のなめらかな流れ 103
　まずはドとソの位置から覚えよう 103
　ド（1）〜ファ（4）に慣れる　Track 52~53 104
　ソ（5）〜ド（8）に慣れる　　Track 54~56 105
　オクターブ違いの表記法 106

| 他のポジションに置き換える | Track 57 | 107 |
|---|---|---|
| 低音の開放弦に慣れよう | Track 58 | 108 |
| ベースの基本は１と５ | Track 59 | 109 |

**この先の考え方** 110

♯（シャープ）は半音高く、♭（フラット）は半音低い 110
♯と♭の表記ルール 111
ナチュラルへの戻り方 111
他のキーの場合 112
♯と♭系キーの調号表記 113
難しい楽譜を簡単にする裏ワザ 114
間違いを修復すると上手に見える 114

**第５章のまとめ** 115

隣／ジャンプ／３段飛びのおさらい 115
もうひとつの提案 115

## 第６章　楽しんで読譜トレーニング 117

| リズムと音符を同時に読もう | Track 60 | 118 |
|---|---|---|
| 自分の表現を探そう | Track 61 | 119 |
| ２音のハーモニーを弾こう | Track 62 | 120 |
| ハーモニーはコードの一部 | Track 63 | 121 |
| コードとメロディは関連している | Track 64 | 122 |
| コード名は常にチラ見しよう | | 123 |
| ４のノリの上で３を数えるコツ | Track 65~66 | 124 |
| 真剣に１回、楽譜を読んでみよう | Track 67 | 125 |

**本書のまとめ** 126

## コラム

階段は徐々に登るもの 030
楽譜が売っているならラッキー 044
料理にはレシピがあったほうがよい 054
曲の進行はルール記号のようなもの 082
屋根と布団 092
初見よりも表現のほうが大切 116

**おわりに** 127

# Introduction

## -本書を読み進めるにあたって-

### 本書の意義

**Q.** 楽典を知らないと音楽はできないのか？

**A.** 「NO」です。

**Q.** 楽譜が読めないと音楽はできないのか？

**A.** 「NO」です。

**Q.** 楽譜が読めるとプレイに影響があるか？

**A.** 「YES」です。

　楽典を知らず、楽譜が読めなくても演奏はできます。耳コピで弾けるようになればいいのですから。しかし、耳コピをするにもスピードや音感には個人差がありますし、**「弾ける」ことと「上手」は違います。**「なんとなく弾ける」のと「わかっていてプレイする」ことでは、後者のほうが上手なプレイになります。練習＆上達の「伸びしろが上がる」のです。特に「リズム譜」が読めるのと、読めないのとでは格段の差が出ます。そして楽典を知っていれば**「耳コピのスピード」**も早くなります。

　ただし、楽典も読譜も難しそうに思えますね。筆者も、若い頃は「難しいことは勉強したくないし、弾けりゃいいんだろ」と思っていました。しかし、楽典を習得した今は「思ったより難しくないから、もっと早くやればよかった」と思います。いずれ「わかるであろうこと」は、今日から知っていくのでもよいのではないでしょうか。

　本書は、若かった頃の筆者のような人に「こうやって攻略すればいいよ」を「早く気づいてください」と提示します。

## すべての楽典は網羅しません

　本書は「網羅しない楽典の本」を目指します。従来の「楽典」は、クラシック音楽の知識が中心となっており、正直、ポップスやロックには必要ないことも説明されています。たとえば、「アンダンテ（歩くくらいの速さ）」という表記は、テンポ・スピードが頻繁に変わるクラシックでこそ必要な言葉で、ポップスの楽譜には滅多に出てきませんので、必修ではありません（覚えて悪いわけではないですが）。**ロックやポップスで使用するのは**、大まかに言えば一般的な楽典の**1／3以下で十分**です。「ポップス／ロックをやりたい人」に向けて、「習得しておいたほうが便利なこと」だけを書きます。

## 理論と楽典

　「楽典」とは音楽を形成する基礎理論です。その内容を大きく分けると、音を綺麗につなげる方法である「**音楽理論**」と、「**楽譜の読み方＆書き方のルール**」の2つです。筆者がすでに発売している『音楽理論がおもしろくなる方法と音勘を増やすコツ』とのカップリングとして、本書は「ポップス向けの楽譜のルール」から「**楽器を上手にプレイするためのコツ**」を伝授します。

　ある意味では、音楽理論を知らなくても楽譜が読めれば、その曲を弾き始めることは可能です。もちろん、理論を知っても**腕前は下がらない**ので、両方知っておいて損することはありません。

## 楽譜は多種多様

　五線譜だけが楽譜ではありません。**紙1枚に何かしらの音楽進行に関することが書いてあれば楽譜**です。コード名の羅列でもOKですし、他人にわからない記号でも本人が楽曲を思い出せるなら楽譜です。また昨今、アメリカでは数字だけが書かれた紙で録音するスタジオが増えています（ナッシュビル・ナンバリング・システムと言います）。

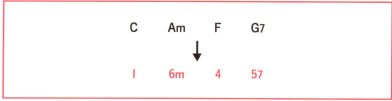

コードを度数（P.100）に応じた番号に変換して表記する記譜方法を
「ナッシュビル・ナンバリング・システム」と言う。

　「楽譜が読めない」と言う場合、大抵は「五線譜のおたまじゃくし（主に黒丸の音符）が読めない」という意味なのですが、そういう人でも「歌本」と呼ばれる歌詞にコード名が書かれたものを見ながらの演奏はできたりします。弦楽器でいえば「TAB譜の数字ならわかる」なら読譜の1／3は習得しているのと同然です。

　そうであるなら、五線譜ではない楽譜の読み方から、リズム譜の読み方を知っていけば、少し上のランクの読譜に近づいていけるのではないでしょうか。本書は、通常の（五線譜からはじまる）楽典とは逆向きに、下記のような順番で話を進めていきます。

## 本書は多少、弦楽器寄りです

ピアノや吹奏楽をやってきた人は、わりと楽譜が読めるものです。ギターやベースなどの弦楽器奏者には、TAB数字は読めてもリズム譜が読めない人が多いです。よって本書は弦楽器寄りで書いています。

## 本書の進め方

本書の第0章は「読譜できるようになりたい」というモチベーションをキープする精神的なアドバイスです。第1章は、コード譜の攻略方法です。第2章以降が「具体的な読譜方法」です。すぐにリズム譜を攻略していきたい人は第3章から本書をスタートしてもかまいません。

## 弦楽器以外のプレイヤーさんへ

自分の担当しない楽器の奏法についても、少し知ると、知識が増え、役立つことはあります。また、DTMで音楽を作る人には、入手した楽譜で打ち込みをしたい場合もあるでしょう。

第4章(9ページ分)だけがギター用のTAB譜説明です。第5＆6章は、弦楽器寄りの説明で書いていますが、弦楽器のことも想像しながら読んでみてください。ダウンロード音源がギターで録音されているフレーズも、聴きながら本書を読めば、およそ理解できるかと思います。五線譜で書いている音符は(テクニックは代用して)鍵盤で同様に弾いてみてください。

## 筆者のYouTube動画

本書に関連する動画を、筆者のYouTubeチャンネルに随時アップしていきますので、探してみてください。

## 本書で使われる主な用語解説

　下記は本書に頻出する音楽用語です。「音高」と「音程」、「テンポ」と「リズム」など、ごちゃまぜになっている人も少なくないので、一度確認しておいてください。

**音高**：「ド」「レ」「ミ」などの音の高さ
**音程**：ひとつの音と、他の音との差
**度数**：一定の音から音程を数字で数えること
**音符**：音高や音の長さを表す楽譜上の記号
**フレーズ**：演奏や歌のひとまとまり
**テンポ**：一定の速度（数値で表す場合も含む）
**リズム**：あるパターンのくり返し。強弱を付けることでノリを表現する
**タイム感**：テンポ・キープを続ける能力

## 本書の音源ダウンロード

　本書では一部の譜面に連動した音源を用意しています。音源データは下記のリットーミュージック、ダウンロード・サイトから入手してください。

**www.rittor-music.co.jp/e/furoku/**
※上記URLにアクセスして、書名で検索してください。

●音源データはMP3形式です。
●zip形式にて圧縮しています。ダウンロード後に解凍してからお使いください。
●音源データは著作権上、個人的に利用する場合を除き、無断でテープ、ディスクに記録したり、上演、放送、配信等に利用することを禁じます。

第0章

Chapter:0

# 楽譜が
# うれしいって、
# どういうこと？

あなたは本書を手にしてくれました。ということは「できれば楽譜が読めるようになりたい」と思ってくれているのでしょう。その気持ちの背中を押し、「できれば」を消してしまいましょう。

# 楽譜のメリット

　読譜できるようになることにデメリットはありません。楽譜が読めるからといって楽器の腕前が下がる人はいませんし、損をすることもありません。むしろ、得することばかりです。

## メリット

- ・録音物がなくても、音楽を人に渡すことができる
- ・大勢に同時に渡すことができる
- ・忘れそうな曲を紙で残しておける
- ・音感が良くなる
- ・書ける人がいるとバンドのスキル・アップにつながる
- ・すぐに楽曲練習に入れるのでスタジオ代を節約できる
- ・ミュージシャン同士での会話がスムーズになる
- ・作曲をするなら記録できるほうがよい
- ・プロを目指すなら、読譜できたほうが仕事がくる
- ・コンプレックスを持ち続けるよりもストレスが少ない

## 口頭説明は大変だから

　もし、下のTAB譜のメロディを口頭で説明するならば、「3弦5フレットを1拍弾いて、次に3弦7フレットと2弦5フレットで2拍目を弾いて、最初の音が4分音符で、その後の2つが8分音符で……、そうか◯分音符がわからないか……、え〜と、じゃぁタータタって感じ、それで……」などと、たった3音だけでもすごく時間かかります。もし、レンタル・スタジオでバンド練習している最中であれば、時間がもったいないです。

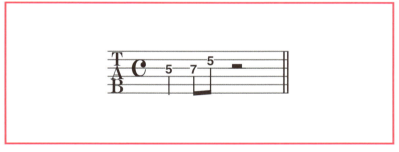

　耳コピという概念で言えば、聴いたフレーズをその通りに弾ければOKではありますが、「早く大勢に伝える」「後から思い出す」には楽譜で配る＆残すことが便利であると言えます。

　そして読譜の最大のメリットはこれです。

## リズム譜が読めるとタイム感がアップする

● 第0章　楽譜がうれしいって、どういうこと？　　019

# 苦手意識は思い込み

　誰でも、未知のことには恐怖心を持ちます。それは「経験がない」からですが、知ってしまえば平気になります。読譜も同じです。

## ウニを最初に食べた人は勇気がある

　もし「ウニ」が食べられないものだとしたら、「食べてみたい」とは思えない見た目ですが、「ウニは食べられる、美味しい」と知っていれば平気です（好き嫌いは別として）。そして「なんて美味しいんだ！」であるほうが幸せかもしれません。

## 本当は読めるようになりたいと思っている

　実は、小さな矛盾があります。自分で耳コピができる上級者さんは楽譜を買う必要はそれほどなく、「楽譜集」を購入するのは、楽譜を読めない初心者or中級者さんだったりします。しかも、難しそうな曲は諦めて、簡単そうな曲のみをプレイする人が多いです。

　楽譜集というのは「何かの曲を弾きたいと思ったときに、手元にある」という点で、たくさん持っていると便利です。ただし、せっかく購入した楽譜ですから、「難しいから」で諦めるのではなく、時間がかかっても読める人になりたいではありませんか。「楽譜集」を購入した時点で、本当は読めるようになりたいと思っているのです。

## 知るべき事柄は実は少ない

1個の音を出すタイミングには、「**出す**」「**出さない**」「**前の音をキープする**」の**3パターン**しかありません。

**音高は12個**しかありません。そのうち1曲で使われるのは、7個のダイアトニック・スケール（Cキーならドレミファソラシ）が基本で、それに数個の♯か♭音が加わる**9個ほど**です。

テクニックを表す記号などを除けば、**3パターンのタイミングに応じて9個ほどの音が書いてある**だけです。それが（1楽器分なら）2枚ほどの紙に書ききれるのが楽譜です。本書のような書籍では、たくさんの例を紹介するので1冊の本にはなりますが、1曲の楽譜に掲載される情報量は大量なものではないのです。

## 実際に読む譜面はコピー譜より簡単

アーティストのコピー譜を購入すると、歌のメロディや他の楽器の五線譜も並んでいたりして、どうしても難しそうに見えます。しかし、あれはテクニックなど細かいニュアンスもすべて書かれている「ある演奏を譜面に起こしたもの」です（特にギター譜は）。「読めればいい譜面」は、童謡ほどの簡単なものです。童謡だからと甘く考えず、**童謡の譜面でも読めれば読譜**です。そして、本書に出てくる譜面が読めれば、コピー譜も時間をかければ読めます。

● 第0章　楽譜がうれしいって、どういうこと？

## 楽譜は役者の台本、家電のトリセツ

役者という職業には台本があります。脚本家がすべての役者さんにセリフを口頭で伝えていくのは大変だからです。電化製品に取り扱い説明書があるのは、メーカーが全顧客に訪問説明するわけにはいかないからです。楽譜は、楽器をプレイするための台本／トリセツのような「楽曲を早く人に伝えるためのもの」です。

役者さんにも「アドリブ」はあります。電化製品も、取説をすべて読まなくても操作できるものはあり、音楽にも「楽譜に書かれていないニュアンス」を導入する必要はあります（特にクラシック以外のジャンルには）。しかし、最低限、作曲者が演奏者に伝えたいフレーズは、紙に書かれているほうが早く伝わります。いわば「便利な紙」です。台本を読まない大御所役者さんもいるかもしれませんが、楽譜に対する苦手意識を、少しでも減らしていくほうが演技（表現力）の幅は広がるものです。

## 100点はない

「楽譜が読める」は100点のことではありません。「楽譜が読めない」は0点のことではありません。ほとんどの人が「10〜90点」くらいなのです。「英語がしゃべれない」でも、ほとんどの人が0点ではないですよね。

## 読譜＝初見ではない

筆者は楽譜の読み書きができますが、たとえばクラシック音楽で言う「熊蜂の飛行」「トルコ行進曲」のような細かい音符が並んでいる楽曲を、速いテンポで初見で弾けと言われても無理です。「ちょっと30分ください」となります。それでも、読譜はできると言えます。

楽器の演奏を職業にするなら、できるだけ初見弾きができたほうがよいですが、ミュージシャンが読む楽譜は、市販楽譜よりも、かなり簡単です。大変な曲であればクライアントが前もってFAXかメールで送ってくれます。音楽を職業にしない人であれば、なおさら初見弾きの必要はありません。**時間がかかっても読めればOK**です。楽譜を書くことにおいては、初見という概念はなく、大抵時間の猶予もあります。素早く書かねばならない機会はほぼないと言えるでしょう。ゆっくり読めて、ゆっくり書ければよいのです。

## グラフィックは国境を超える

チャールズ・チャップリンのセリフのない無声映画は、言葉の壁を飛び越えて、世界中の人が理解できる作品ですね。設計、配線などの図版は、センチやインチという単位の違いはあれども、見るだけで外国の人にも意味が通じます。

「英語がしゃべれない」としても、海外の人が書いた楽譜は読めます。輸入楽譜を入手しても読めます。楽譜は、世界共通言語として「音楽を記号化」したグラフィックで、誰にでも音楽を伝えられます。**音楽と楽譜に国境はない**のです。

● 第0章　楽譜がうれしいって、どういうこと？

# やりたいことは楽しいこと

　誰にでも「やらなければならないこと」はありますね。仕事はもちろん、生活の中ででも。しかし、音楽は「楽しみ」です。好きでやることです。だったら「やりたいこと」です。読譜は、そのエンジョイの助けとなる要素のひとつです。

## 楽譜に取り組む気持ち

・2ページの紙に書ききれることは、高校受験で勉強する1科目より少量

・楽器がソコソコ弾ける人は、英語の（文法ではなく）スピーキングを先に始めているようなものなので、習得は楽

・この先も楽器に取り組んでいけば、いずれは読譜力に相当する力は自然につくので、拒否し続けるよりも「受け入れていこう」と思っちゃうほうが気楽

・「私は楽譜が読めない」というのは自慢にはならない

## 子供の柔軟さを参考に

　ピアノなどを習う子供は、楽典を無意識に習得していきます。子供は疑問を持たず「**これが書いてあれば、ここを押すんだな**」と覚えます。大人は「なぜ？　どうして？」と、実践よりも脳で考えがちです。「まず、やってみる」というトライ精神は、子供のほうが強いです。

　楽譜の習得には、どこか「学ばなければいけない」というイメージが誰にも最初はあるのですが、「こう書いてあったら、ここを弾く」ことに慣れていくほうがよいです。極端に言えば、それが音高（ドレミなど）で読めなくても弾ければOKです。外国の子供は文法を知らなくても英語をしゃべるようになります。

## 特にゴールはない

　東京からでも、富士山が見られる場所はあります。どこかの高台に立って「今日は天気がよいから富士山が見える」という時、「あのビルが邪魔だなぁ、あと2メートルほど高い所に移動すれば、よい写真が撮れそうなんだけどなぁ」と、そんなことはよくあります。

　1段目の階段に足をかけないと、2段目に足は届かないですね。「五線譜をスラスラと読む」、これは100段目です。最初から100段目を見て「私には登れっこない」と思っていると、永久に登れません。そして、クラシック演奏家でないなら、**100段目まで登らなくてもいい**です。今より少し高い階段に登ってみる楽しさ、これは「綺麗な富士山の写真を撮りたい」時に、階段があったら少しは登るでしょ、ということです。

# 習得のコツ

　だんだん「騙されたと思って読譜を目指してみるか」と思えてきましたか？　そうであると願って、次は、読譜を習得していくポンイトを少し書いておきます。

## 声を出す人は上達する

　「思っているだけよりも、口に出すことで体が覚える」ということがあります。たとえば、10組のお笑い芸人さんの名前が紙に書いてあるとして、ただ見ているだけよりも、発声するほうが覚えるものです。楽器の音もオノマトペ（「ガーン」や「ギューン」などの擬音語）でサウンドを真似ていると、そのフレーズが弾けるようになるものです。

　「楽譜の読み方」を知るのですから、声に出していくほうが覚えます。照れ屋な人には、なかなか踏み込めなかったり、誰も見てないから「まぁ、それはいいや」と実行しなかったりもしがちですが、誰も見てないからこそ、恥ずかしがらずに小さな声でもいいから発声すると、早く上達できます。

## どうせなら足踏みする

　演奏の動きは身体の動きです。脳で理解したものと、それを身体に馴染ませていくことには大きな違いがあります。**足で拍子を刻む**ことを、習慣づけてください。楽譜を読むということは、リズムと音程を同時に把握するということで、そのリズムの部分を足に託していけば、**脳は少し楽**になるのです。

026

## 音楽は時間経過

音程が「**時間経過に乗っている**」のが音楽です。その時間のタイミングは基本「4 + 4 + 4 + 4 = 16」のくり返しです。ただし、それだけでは音楽にはならないので、どこかに強弱をつける、例えば……（下図）

> > > >
タカツク　ターツク　タカツク　ターツク
4　 +　 4　 +　 4　 +　 4　 = 16

で音楽になるのですが、文字にしただけではわかりにくいので、図版にしたのが**絵を見て弾き方がわかる**楽譜です。よって、その時間のくり返し方を図版で理解していると、タイム感が良くなるのです。

## 楽譜は書くと読めるようになる

実際に、楽譜を読めるようになっていく過程では、「書くこと」が効率のよい方法となります。もちろん完璧に書くには楽典がわかっていないといけないのですが、最初から完璧を目指さず、「**書きつつ、調べつつ、登っていく**」ようにしましょう。

絵を描くという行為に、「私は、まだ描けないから」と描き方の勉強から始める人は少ないでしょう。まずは描いてみるはずです。それは、楽譜も同じです。書き方を読んで勉強していくだけよりも、「書き慣れていく」とともに、「あ、こういう場合は、どうやって書けばいいんだろう？」という疑問が生まれるたびに（本書やネットなどで）調べていくことで「読み書き」ができるようになるものです。

あなたも、本書を読むだけでなく、実際に書いていきながら学んでいってください。

● 第0章　楽譜がうれしいって、どういうこと？　　**027**

# 人生も音楽も楽しむほうが得

　ネットで愚痴を言い続ける人と、ハッピーな書き込みをする人とでは、どちらが幸せでしょうか？　少なくとも、友人が減っていかないのは後者でしょう。音楽が好きで、好きで始めた楽器のヒントである楽譜は、好きの延長上にあるのですから、読むことを楽しむのがハッピーの一部です。

## 楽譜がうれしいって、どういうこと？

　筆者は、これまでにギター・マガジン、ベース・マガジンなどの雑誌で20年近く楽譜を書いて（採譜と言います）きましたので「耳コピ」ができます。簡単なフレーズなら聴いてすぐに弾けます。ただし、もし手元に楽譜があれば見ます。どちらでも可能ですが「手っ取り早いのが楽譜」です。これは「人前ですぐに弾くとき」ならば、なおさらです。

　では、「耳コピが苦手な人」が「読譜もできない」となると……、いずれでも無理……、ということになりますね。とりあえず片方の「読譜」を攻略して「答え合わせ」のような作業をしているうちに、「耳コピも早く」なります。そうなると、だんだん楽譜を見ることに恐怖心がなくなっていきます。「あ、楽譜あるの？　ラッキー！」になります。それが「楽譜を見るのがうれしくなる」ということです。楽譜が読めないと、楽譜があってもうれしくないですからね。

　「あるからラッキー」「読めるようになったからうれしい」「他の人と共有できるからうれしい」、これらは「ウニは美味しいと知ったら、ウニを（食べるときに）見るとうれしい」に相当します。

## 書ける＆読めるはうれしい

　「フレーズ」は、口で歌えるなら弾けます（口よりも手のほうが早く動くので）。弾けるならば、少しガンバれば楽譜に書けるようになります。書けるなら読めます。（音符は後回しとして）リズム譜が書けるなら、拍子を数えられ、表拍と裏拍（P.062）という概念が認識できているということです。その認識は、音楽の根本にある「ノリ」というものを理解するために重要です。音楽の3大要素は「メロディ」「ハーモニー」「リズム」と言われており、そのうち最も重要なのがリズムなのです。

　リズム譜が書ければ、後はTAB数字か音符を乗せるだけです（手順としては、音符の後にリズムを書く場合もある）。自分の脳で鳴っているメロディ（既成曲でもオリジナルでも）を、書き起こすことができると、

# とっても、うれしいものです。

　そのうれしさと共存していくと、読譜は「義務」や「勉強」ではなくなっていき、「ゲーム攻略」のように楽しみながらスピード・アップしていきます。

● 第0章　楽譜がうれしいって、どういうこと？　　029

## Column

## 階段は徐々に登るもの

　たぶんですね、「読譜」という言葉を「どんな譜面でも、スラスラと弾けること」みたいに思っている人が多いのではないでしょうか。でも、それだと大量の勉強をしなきゃいけないと錯覚してしまうんですよ。

　「読譜」には、(A) ルールを知る、(B) 書けるようになる、(C) 弾けるようになるという３つの段階みたいなことがあって、そのうち (A) は、それほど難しいことではないです。だって、しょせん １枚の紙に書ききれることの読み方なんですから、１枚分のルールは２時間もあれば理解できます。

　次に (B) は、自分で弾けるプレイ or 思いついたフレーズを図版化できることですので、弾けるなら書ける可能性は高く、書きたいことの入り口としては数小節です。例えば、有名バンドのリフを４小節書ければ OK であり、４小節書けるなら何小節でも書けるということになります。それに挑戦してみれば、きっと、音符よりもリズム譜に苦労するでしょう。そして、書けるなら読めるということです。

　最後に (C) ですが、ポップス＆ロックでは、クラシックほど楽譜に忠実に弾けなくても OK なところがあります。少しのフレーズ変更が個性だったりします。

　すぐに、全部を攻略すると思わなくていいんですよ。楽器プレイだって、始めて１カ月で上級者に成れるわけじゃないんですから。「その気スイッチ」は無料です。本書を手にしたあなたは入手しています。あとは押すだけです。

第 1 章

Chapter:1

# コード楽譜で
# 進行の
# コツをつかもう

楽譜を読めるようになるというよりも、まずはコード進行を見て、遅れていかないようにプレイできるようになりましょう。ここではコード譜を「できれば1回目」でスムーズに弾ける人になるコツを伝授します。

# 歌詞にコードの楽譜

楽器屋or書店には「歌本（うたぼん）」と呼ばれる歌詞にコードだけが書いてる楽譜が販売されています。ネット上にも、それに似た形式のコード・サイト（J-Total、楽器.me、ChordWikiなど）があります。コードが書いてあるだけでも、それを見れば楽曲をプレイしていけるので、ある種の楽譜だと言えます。

## 音楽の概念は拍子

音楽には、「拍子（ひょうし）」と呼ばれる、リズムの基本となる数を表す言葉があります。楽譜の書き方に関連していますので、説明しておきます。わかっている人は飛ばしてOKです。

音楽は一定時間の刻みのくり返しで成り立っており、刻みの1タイミングを「拍（はく）」と言います。そのくり返しが、4回ごとだと「4拍子（びょうし）」、3回ごとなら「3拍子」と呼び、横線と拍子ごとに縦で区切る線（小節線と言います）を主体として書くことで読みやすくなります。

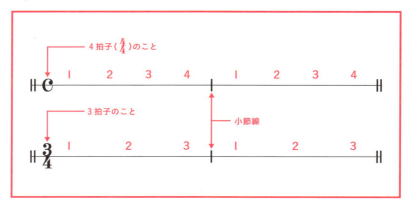

## 膝を叩けば拍子がわかる

　知っている曲の楽譜を見て弾いていくとしても、意外に「想像と違って弾きにくい」ということはあります。「これ4拍子？　3拍子？　それとも6拍子？　12拍子？」と判断がつかないこともあります。まずは拍子を確かめましょう。

　CDなどの音源が聴ける場合には、それを聴きながら膝を叩いてリズム確認をします。音源を聴いていない場合には、歌いながら拍子がわかるまで膝を叩きます。

## ミュージシャンはドラムが叩ける

　担当楽器がドラムではなくても、9割のミュージシャンはドラムが叩けます。ドラムを練習したことのない人でも（上手かどうかは別として）叩けます。同等の訓練をしているからです。

　膝を叩くなんて馬鹿らしいと思うかもしれませんが、この行為が第3章以降の「リズム譜を読む」ことに大きく関係します。ギターを持つと弾きたくなります。しかし、まずギターを持たずに「右手で上下の振り運動」で拍子を数えることは重要です。

## すぐにリズムは弾かない

　拍子がわかったら、コード譜を見て歌い出せばよいのですが、最初から完璧に弾こうとしないほうが賢明です。「知っている曲だから弾ける」とタカをくくって、最初からリズム（ギターならストローク）をつけて弾いていくと拍子を崩しがちです。初めてプレイする際には「1個のコードは1回」で鳴らして曲のエンディングまで弾いてみるとよいです。こうすることで楽曲全体の拍子の確認もできます。

● 第1章　コード楽譜で進行のコツをつかもう　　035

## 多くは1列が4小節で書かれている

歌詞とコードだけの楽譜の場合、およそ歌詞の**横1列は、4小節か2小節**で書かれています（すべてとは言いきれませんが）。それは歌詞の区切りのよいところで表示されるからです（下図）。

---

### 屋根と布団

C G／Am G／F G7／C

$\quad$ C $\qquad$ G$^{(onB)}$ $\qquad$ Am $\qquad$ Am7$^{(onG)}$
欲しい物は　　　いくら　　でもある

$\quad$ F $\qquad$ Dm $\qquad$ G7
ないもの　　ねだりが　　続く

$\quad$ C $\qquad$ G$^{(onB)}$ $\qquad$ Am $\qquad$ Am7$^{(onG)}$
だけど　　屋根と　　布団が　　あれば

$\quad$ F $\qquad$ Fm $\qquad$ C
結構　　幸せなんだと　　思う

Dm $\qquad$ C $\qquad$ Dm $\qquad$ C
宝くじが当たったら　　欲しい物は買えるだろ

$\quad$ Dm $\qquad$ C$^{(onE)}$ $\qquad$ F $\qquad$ A$^{\sharp}$ $\qquad$ G7
だけど　　お金で買えないものが　　わかっても遅いかもね

$\quad$ C $\quad$ G$^{(onB)}$ $\quad$ Am $\quad$ Am7$^{(onG)}$
屋根と布団があれば

$\quad$ F $\quad$ Fm $\quad$ C $\quad$ G7
屋根と布団があれば

$\quad$ C $\quad$ G$^{(onB)}$ $\quad$ Am $\quad$ Am7$^{(onG)}$
屋根と布団があれば

$\quad$ F $\quad$ G$^{\sharp}$ $\quad$ C $\quad$ →
屋根と布団があれば

C G／Am G／F G7／C

---

036

## コード・チェンジの箇所は予想できる

　前ページの（イントロを抜かして）歌詞の1、3、5、7、8、9列目にはコードが**4個**書かれています。となれば、この列は**4小節で、1小節ご**とにコード・チェンジすると予想できます。もしくは、2小節でコード1個の8小節というパターンもあります。

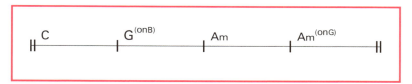

　2（4、10）列目はコードが3個ですね。ということは、どこかが2小節で1個のコードだと予想できます。

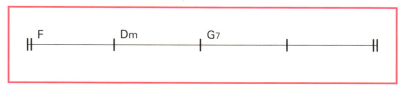

　6列目は、コードが5個ですので、どこかの1小節で2個のコード、もしくは6小節で次の段へ行く（下譜例）と予想できます。

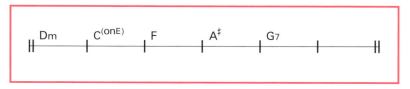

　これら以外のパターンも存在はしますが、およその見当がつきます。列の先頭コードを見る前に「**その列のコード数をチラ見する**」ことに慣れると、イチかバチかで歌詞を追いながら弾いていくよりもうまくいきます。

●第1章　コード楽譜で進行のコツをつかもう　　037

## イントロの斜め線や間奏などでの矢印

イントロや間奏部で「C　G／Am　G／F　G7／C」と書かれていることがあります。あの斜め線「／」は、小節線の代わりの区切りです。

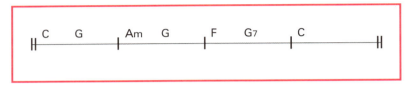

また、楽曲の間奏（ギター・ソロなどの歌のない中間部）があるとして、1番の最後のコードに「→」と書いてあることがあります。これは、歌詞の終わりが、次の小節の1拍目になる際に書かれます。そして、間奏の最初のコードと「かぶっている」ことを意味します。

## 見慣れないコードの対処法

初心者だと、見慣れないコードが出てくると演奏が止まってしまいがちです。たとえば「G (onB)」が出てきたら「Gコードを弾く」か、「B音だけを鳴らす」のいずれでもOKです。C♯dimや、C♯augが出てきたら、とりあえず「低音でC♯音だけを鳴らす」でOKです。

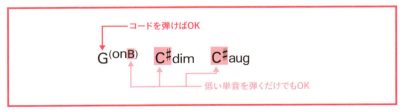

◯(on△)という表記は分数コード（もしくはオン・コード）と言います。

## 分数コードとは？

「○(on△) は、コードとしては○だが、△を一番低い音で弾く」という表記です。

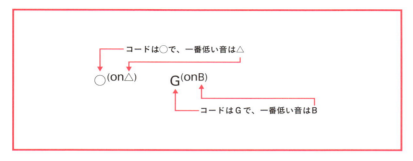

## 低音の動きを見つける

「低音だけを鳴らす」感覚でコード進行を見ると、2個目のコードは、「G(onB)はGコードを弾くだけでもOKだが、最初に鳴らすのは低いB音」です。P.036譜例の1（3、7、9）列目（&次のコード）は「**C－B－A－G－F**」つまり「ド－シ－ラ－ソ－ファ」の順に音が並んでいます。こうしたことを一目で見つけられるようになると、演奏ミスが減ります。ベーシストは、その順番で弾いたほうがよく、アコースティック・ギターでアルペジオをする場合で言えば、親指で最初にピッキングする音が「ド－シ－ラ－ソ－ファ」のベース音になるということです。

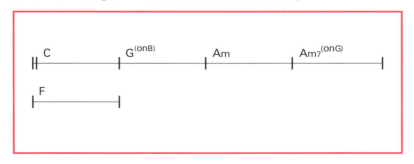

## テンポは書いていない

　ネット上のコード譜に書かれていないのは、しいて言えばテンポ（スピード）です。これは、もとの楽曲を知っていることを前提にしているからでしょう（もしくは動画などのリンクがある）。楽曲を（コピーではなく）カバーするならば、テンポは自由でよいとも言えます。

　ネット上のコード譜は、カポ設定でキーを変えられたり、コード・フォームがリンクされていたり、タブレットで見られる、画面が下に動く、などの便利な機能もありますが、そのお手軽さゆえ「覚えるには不向き」ということも少しあります。本気で演奏したい楽曲の場合は、第2章のように「書き換える」ことをオススメします。書き換えることで覚えるということもあります。

## テンポとは？

　歌本にはテンポが書かれている本もあります。下記の「おたまじゃくし」のような記号（4分音符→P.064参照）の右側に数字が書かれています。この数字はBPMといい、1分間を何回で割るかによってスピードを表します。下記の場合は、60と書かれているので、1分間を60回で割る、つまり1拍が1秒で進むという、これが「テンポ」です。

♩=60　1分を60で割ったスピード

　この数字が「70、80、90……」と大きくなるごとに、テンポは速くなります。120ならば60の2倍の速さです。およそ、人間がプレイしやすいテンポがありますので、（遅すぎる）50以下、および（速すぎる）200以上になると、演奏はしにくくなります（練習としてはアリです）。

## リズムとは？

　混同されることが多いですが、テンポとリズムの意味は別です。テンポは「一定の速度」で、リズムは「強弱でできるノリのパターン」です。

　雑誌の歌本には、楽曲の基本リズム・パターンが書かれていることもあります。これらの読み方については第3章で説明しますが、あくまでも基本的な例であって、そのとおりに弾かないといけないわけではありません。自分の腕前に応じて、適度な雰囲気（楽曲を知っていれば、歌いやすくなるようなリズム）でプレイすればOKです。

## シャフル記号は書いてはいないので

　ところで、リズムには「跳ねているシャッフル」と「跳ねていないイーブン」という2種類があるのですが、歌詞＆コード譜にはリズムに関する表記が（大抵の場合）ありません。だからこそリズムのノリを思い出すために「1個のコードは1回で弾く」が大切なのですが、簡単に説明すると、シャッフルは盆踊りような不均等なノリで、イーブンは均等なノリです。詳しくは第3章で解説します。

## 目線は常に先の小節

　今、弾いているコード名を見ているのでは次のコードを弾くのに間に合いません。コードを間違えないように弾くには「今弾いている小節よりも**1、2小節先のコード名を見ていく**」ことがポイントです。そして「一瞬の間だけ覚えて、弾くごとに忘れていく」のくり返しと言えます。

# 曲の構成を覚えるために

　楽譜を読むことと覚えることは別です。プレイとして弾けても、楽譜を見ないで弾けるかどうかは別です。さらに、楽譜を覚えるのではなく、曲を覚える入り口は構成を覚えることです。それには、自分で書き換えてみるのが得策です。

## 楽曲の構成を自分で紙に書く

　横線に縦の区切り（小節線）を入れて、自分で紙に書き換えます（次のページ譜例）。これを書く際には、以下のようなコツがあります。

・セクションごとに「イントロ」「A」「B」
「サビ」などと表記

・列の先頭が、区切りのよい場所にくるように書く
(そのためには、1列が1小節だけという箇所があっても OK だし、5小節の列があっても OK)

・セクションごとにズラして書くのがオススメ

・下方に進行順番も書いておく

「1年後に見ても、すぐに思い出せる楽譜」を心がけましょう。

## コード譜を自作してみよう

P.036のコード譜を、小節で区切って書いてみました。

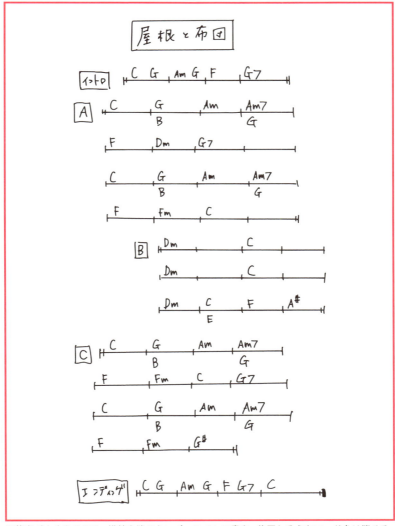

※筆者がよくやるのは、横線を消せないボールペンで書き、修正しそうなコード名は消せるボールペンを色を変えたりもしつつ使います。

## Column

### 楽譜が売っているならラッキー

　僕がギターを始めた時代には、まだ TAB 譜が世に出まわっていませんでした。ロック・バンドの楽譜集を買っても五線譜だけです。かろうじて、イントロやギター・ソロのおたまじゃくしも書いてあったので、その1個ずつに「弦／フレット」という書き方を編み出して、自分で書き込みしていました。3弦5フレットなら「3／5」と書いていくのです。その後、TAB 譜が出てきて「なんて便利なシステムだ！」と思いました。

　楽譜が入手できるなら、それはラッキーなことです。耳コピの訓練からは少し離れるような気がしますが、それは耳コピのひとつの正解例でもあります。

　販売されている楽譜は、お金を出して買うべきです。お金さえ払えば入手できるのはラッキーです。現代は、音楽や書物などを無料で欲しがる傾向が少しありますが、誰かが時間をかけて作ったものは「ひとつの価値」ですので、何でも無料で入手しようとすることに慣れてはいけないと思います。何かの曲の「演奏方法」を知るには、耳コピ（＆動画で目コピ）するか、楽譜を購入するしかありません。そのうち後者は、お金で買えるならラッキー（お金と時間の交換）です。誰かが耳コピして、誰かが綺麗に浄書し、出版社が印刷屋に発注して、運送を経て、店頭やネットに並ぶ、手間暇かけた紙が、（1曲相当）缶コーヒー2個分ほどの金額で買えるのは、ありがたいことです。ないものは買えないのですから。

第 2 章

Chapter : 2

# 進行構成の
# ルールを知ろう

音楽は「くり返しの美学」です。「1番、2番、3番」などと同じフレーズ
をくり返すことによって、人の耳に残ります。そして、楽譜はなるべく
短い小節（合計）数で書きたいので、「戻る」「くり返し」などのルール
を使用します。何度も同じことを書かなくて済み、少ない紙で済む便利
な手法であり、自作譜に活用すると全体の構成も覚えやすくなります。

# 楽譜の進行は双六

記号の名前は確定しておらず、人それぞれで呼ばれる記譜ルールがあるのですが、厳密に記号の名前は確定しておらず、人それぞれで呼ばれている感じです。マークを見た目で覚えればよいことですしね。

## 曲を聴きながら1曲で考えれば

記号というものは、一目で判断するためのグラフィックですから、小学校で習った地図記号のようなものです。その考え方は、入手した楽譜の音源を聴きながら、数曲で照らし合わせてみれば、およそはわかってきます。

楽譜の進行は双六やタカラトミーの「人生ゲーム」のようなものです。ある程度、進んで戻って、また進んで別な経路にも進み、ゴールを目指す感じです。

一度弾いたフレーズを（完璧ではなくていいので）なんとなく覚えながら進む癖をつけるとよいです。それは、1番を弾いているときに「ここは、また後で（2番で）弾くんだな」と思いながら、プレイしていくということです。すると2番がスムーズに弾けます。

ということは、演奏する前に楽譜で進行を確認してからプレイに入るとよいです。

## くり返しマーク

‖: と :‖のマークに挟まれた小節があったら、その小節を**くり返します**。下方の「ア→イ→ウ→エ→……」は実際に進む結果の順です。

手前側に‖:がない場合は、その楽譜の**先頭に戻ります**。

## カッコを知ろう

普通に順に進んで行ってまず「1.    」に入り、:‖などで戻ったあとに、2回目には「1.    」を抜かして「2.    」に入ります。

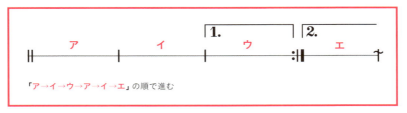

カッコは、**2回目、3回目も誘導できます**。

## ジャンプ移動

*D.S.*（ダル・セーニョ）は、𝄋（セーニョ）に戻る記号で（①）、その後に to⊕（トゥ・コーダ）から、⊕Coda（コーダ）にジャンプします（②）。𝄆 や 𝄇 だけでは表せないときに使われ、⊕Coda の後はエンディングに向かうことが多いです。

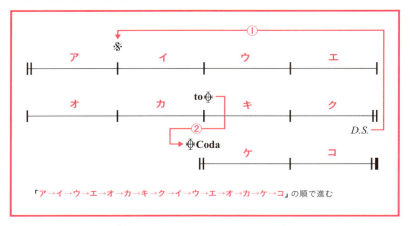

「ア→イ→ウ→エ→オ→カ→キ→ク→イ→ウ→エ→オ→カ→ケ→コ」の順で進む

*D.C.*（ダ・カーポ）は、先頭に戻る記号です（①）。*D.C.* や *D.S.* が出てきたら、to⊕ と ⊕Coda が出てくると思ってください（②）。⊕Coda の手前で、一旦小節を区切ると譜面が見やすくなります。進行の要所では小節線が2縦線になり、エンディングは2縦線の右側を太くします。

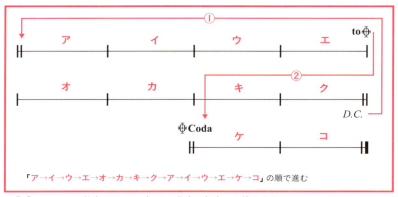

「ア→イ→ウ→エ→オ→カ→キ→ク→ア→イ→ウ→エ→ケ→コ」の順で進む

※ *D.S.* や **Coda** は、数字をつければ、その曲内で何度でも使えます。

## さまざまなエンディング

くり返し等の結果、譜面の途中でエンディングになる場合は*Fine*（フィーネ）で終わりを表します。

「ア→イ→ウ→エ→オ→カ→キ→ク→イ→ウ」の順で進む

ライブ演奏ではなく、スタジオ録音の音源で、フェード・アウト（音が小さくなっていって終わる）する場合には、*F.O.*と記されます。同じフレーズのくり返しな場合は*Repeat & F.O.*と書かれます。

「ア→イ→ウ→エ→ウ→エ→ウ→エ→ウ→エ……」くり返しながら音が消えていく

エンディングで、だんだんテンポが遅くなっていく場合には、*rit.*（リット）と表記します。大抵は何らかのコード（下の⧸⧸）でジャーンと終わります。その際に、**フェルマータ**（𝄐）を置くと「終わりだな」とわかりやすいです。フェルマータは「テンポを無視して、いい感じに伸ばす」という意味です。テンポを再開するには「*a tempo*」と表示します。

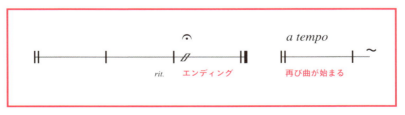

# コードやフレーズが同じ場合のくり返しマーク

　前ページまでの話は、小節での進行を理解する説明でしたが、次に、音符やコード進行が「前と同じですよ」と示すマークを説明します。同じフレーズを何度も読むことを避けるために使います。

## 書き込みを減らすための便利マーク

　✗マークは、**手前の1小節と同じ「コードかフレーズ」をくり返す意**味になります。

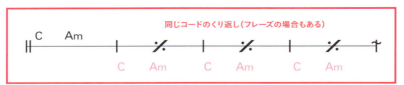

　斜め線が2本「✗✗」になると、**手前の2小節と同じ「コードかフレーズ」**をくり返す意味になります。

　斜め線が4本「✗✗✗✗」になると、**手前の4小節と同じ**ことをくり返す意味になり、見やすいように数字も書くことが多いです。

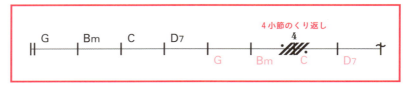

　長い小節のくり返しには𝄆　　𝄇などを使ったほうが便利です。

## 特殊な反復、長い休み

くり返しマークやジャンプのうち、1回目はそのまま進んでいった小節を、2回目だけ反復するなどの変則的な場合に、*Bis*（ビス／反復の意味）を使用する楽譜がたまにあります。

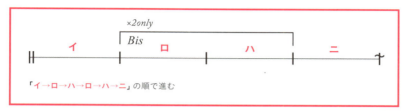

ひとつの楽器のパート譜だとして、長い小節分で**何も弾かない場合**には、下記のように省略します。たとえば、イントロが別楽器で8小節あってから、ギターが入る場合などです。

## 音符の省略

毎回書いていく（＆読んでいく）のは大変なので（特に複音）、斜めの棒線で「前の音と同じ音、もしくは同じコード」を表します。そして第3章につながるのですが、「リズムとしてのタイミング」を表すのに使用することもあります。

## 拍単位でくり返すマーク

　コードだけではなく、同じフレーズのくり返しがある場合には、棒のない斜め線にすると、**拍単位のくり返し**の意味になります。下の譜例の場合は、1拍の4個のフレーズを4回くり返します。

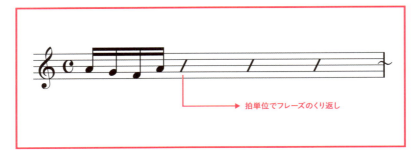

→ 拍単位でフレーズのくり返し

## 実は市販の譜面は覚えにくい

　市販されている五線譜は、ページ数と横幅の関係で1列が4小節ごとに書かれないことが多いので、全体の進行は覚えにくいです。特に、楽器の全パートが同時表記される「スコア」は、ページ数が増えますので、めくるのが大変ですね。だからこそ自分の担当の楽器のみを抜き出して、**なるべく少ない枚数の紙に書き写し**たほうがよいです。それを行ってから、市販の譜面で部分的なフレーズに取り組むと、「今は全体のうちの、どの辺りを練習しているのか」を認識していくことになるので、構成も覚えやすくなります。

　マラソンに参加する際に、あらかじめコースをわかっていないと、ペース配分ができません。「ここは坂道だから、少し遅くなる」「ここは海沿いだから風が吹くかも」「ここの給水所はパスして、次に水を飲もう」などを事前に考えるうちに、コースを覚えてしまうでしょう。覚えるための努力というよりも、必要な情報を得ようとしていくうちに覚えてしまうものです。

## くり返しを入れた自作譜の例

まとめとしてP.043の曲を、2番まであるという想定にし、リピートなどを使い表記する小節数を減らしました。くり返しが多すぎてつらい人は、もう少し広げて書いてもOKです。

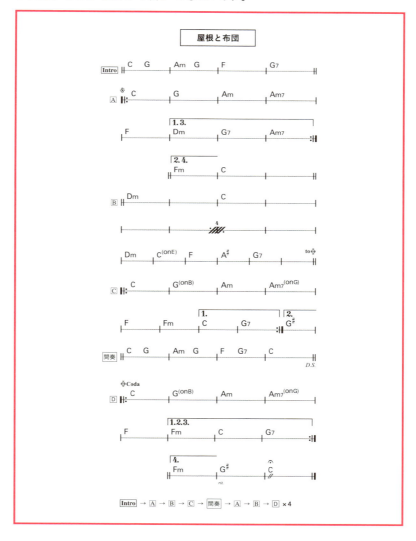

## Column

# 料理にはレシピがあったほうがよい

　僕は、楽譜のルールを高校生時代に「マンドリン部」で理解しました。誰にも教えてもらっておらず、「他の人がこう弾いているから、この記号はこういう意味だろう、この音符はこのフレット音なんだろう」と、他の人のプレイを耳コピしながら理解しました。

　次に、20才頃に、ステージ上で楽譜を初見で見る仕事をするようになり、その場しのぎで弾いているうちに複雑なコード名も、見てすぐに押さえられるようになりました。メロディはサックス奏者が吹くことが多かったです。

　そして、リットーミュージックのギター・マガジン誌などで楽譜を書く仕事をしはじめてから、書いていく際に生まれる疑問は他の楽譜を見て解決してきました。ギター・テクニックの表記や、なるべく少ないページでまとめる方法などは、楽典には書かれていなかったりするんですよね。

　これらによって、僕は「耳コピできるなら読める」「ギター譜の疑問は、ギター譜で解決する」を経験してきました。

　楽譜は料理のレシピみたいな、手順を書いた説明書です。経験も知識もなく料理を作ろうとしても失敗率は高くなりますね。経験（耳コピ）かレシピ（楽譜）は必要です。そのうち経験には時間も必要です。時間短縮で言えば、イチかバチかで料理するよりは、レシピがあったほうがよいです。レシピを読んだからといって、個性がなくなるということはありません。

第3章

Chapter:3

# リズム譜だけを
# マスターしよう

通常の楽典は、長い音符から伝授していくものですが、ここでは逆に「細かいリズムを合体させていく方法」で、視覚（と音源）から理解していただけるよう説明します。なお、テンポはその楽曲の一定の速度です。そのテンポの中であるパターンをくり返していくことがリズム。リズムを刻みながらテンポ・キープをする能力をタイム感と言います。

# 音楽の基本は2か4の倍数

　音楽には3拍子や6拍子などのリズムも存在しますが、リズム譜の書き方は、**4拍子で表記する方法を基本形**としています。3拍子や6拍子も、4拍子の記譜の応用となっています。

## 細かいリズムからマスターしよう

　リズム譜を理解する手始めとして「1小節で16回のタイミング」が弾けると考えてみましょう（16ビートという言葉の所以）。

　ダウンロード音源では、カウントの後に譜例を2回くり返しています。1回目で筆者が発声していますので、それに合わせて「**1、2、3、4**」と足踏みをしはじめ、2回目で「**タカツク**」と4回発声してください（以降のTrackも同様の練習法で進めてください）。

※赤の■の横幅は音の長さを意味します。■と■の間は、見やすくするために少しの切れ目を作ってありますが、実際には連続してプレイします。

　これによって、4拍子で「4×4=16」のタイミングを認識します。足踏みの4倍で数えることで体がリズムに乗り、（テンポ・スピードに関わらず）1拍の**音の長さを口で4分割**していることになります。こうした訓練はテンポ・キープの習得にもつながります。

## 16分音符（じゅうろくぶおんぷ）の表記法

1小節を16分割した1個ごとの音の長さを**16分音符**と言い、1個だけ表記するには棒に旗を2本書きます。ただし、その羅列では読みにくいので、旗を1拍ごとに4個ずつまとめて「4×4=16」と見やすくするのがルールとなります。4人乗りの車が4台あるイメージです。また、その長さで音を消す場合は**16分休符**と言います。

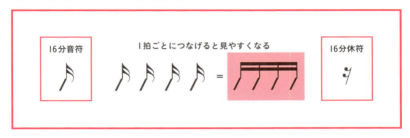

16分休符は、旗が切れて反対側に丸まるとイメージするとよいです。下記の例は「タカツク」の「タ」を弾かないパターンです。

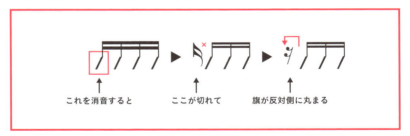

この「タ」を抜きで「**カツク**」と発声してみましょう。

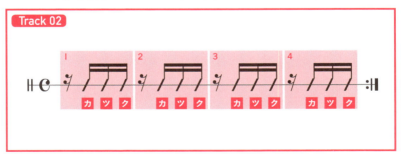

● 第3章　リズム譜だけをマスターしよう　　059

## 16分音符と休符の組み合わせに慣れよう

続いて、「カ」を抜きで「タ　ツク」と発声してみましょう。

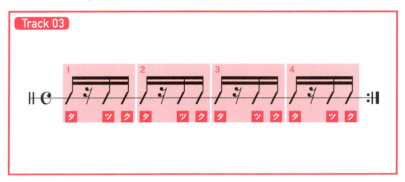

「ツ」を抜きで「タカ　ク」と発声してみましょう。

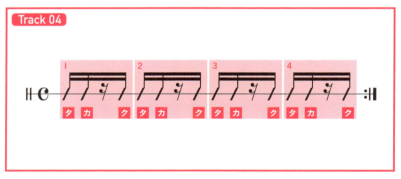

「ク」を抜きで「タカツ　」と発声してみましょう。

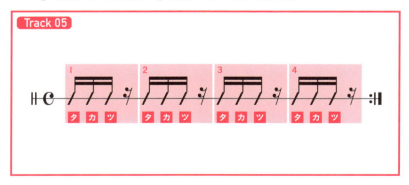

## 読みにくいタイミングを読むコツ

さて、Track 02やTrack 05では、休符で旗が途切れると、少しだけ読みにくくなります。これが読譜を難しくしているのですが、4拍子の曲をプレイしている以上、1小節は4分割されていると考え、四角の赤いボックスのように**拍の合間に切れ目がある**とイメージしましょう。

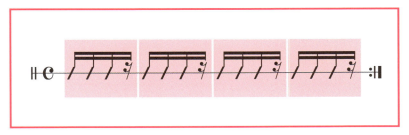

少し話が逸れますが、実は、1小節に音符が「複雑なタイミングに数個しかないよりも、16個あるほうが読みやすい」場合があります。

今度は休符が2カ所あるとして、「カ」「ツ」を抜きで「**タ　ツ**」と発声してみてください。

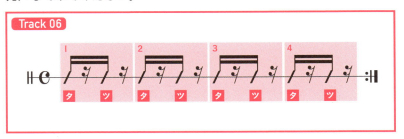

この Track 06でも、下記よりは読みやすいですよね。これは、人に渡す楽譜を書くコツでもあります。

※これは読みにくい楽譜例です

## 16分音符の2つ分の長さが8分音符

16分音符の長さを2倍にすると（1小節に8つのタイミングとなるので）**8分音符**と呼び、旗が1個になります。この場合は、2拍で4個ずつ旗をつなげて書いて見やすくします。

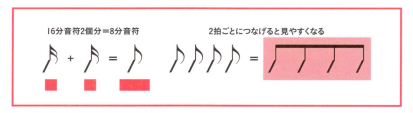

Track 06の休符のところで音を止めずにプレイすれば下のように小節の中央で区切ることになるので、読みやすくなります。ここからは「いっとぉ、にぃとぉ、さんとぉ、しぃとぉ」「いっとぉ、にぃとぉ、さ」と発声してください。ちなみに、「1」「2」「3」「4」のタイミングは「**表拍**」と言います。その後の「とぉ」は「**裏拍**」と言います。これは、足踏みで言うと「踏むのが表」「足が宙に浮いている瞬間が裏」です。

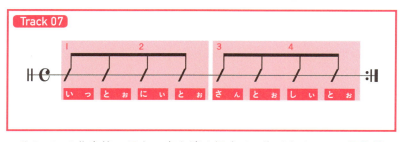

そして、8分音符の長さで音を消す場合は、旗が丸まって**8分休符**となります。16分休符が2個分の長さが、8分休符とも考えられます。

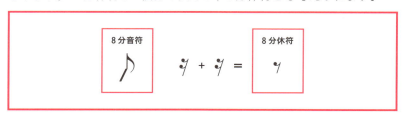

## 8分音符と休符の組み合わせに慣れよう

そろそろ慣れてきているはずなので、2パターンでトライしましょう。
「1の表」「3の裏」を抜きで発声してみましょう。

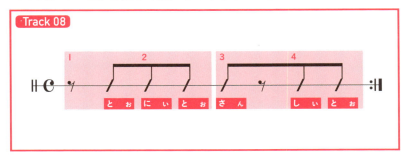

「2の表」「4の裏」を抜きで発声してみましょう。

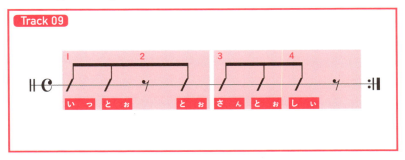

「1＆2の表」「3＆4の裏」を抜きで発声してみましょう。

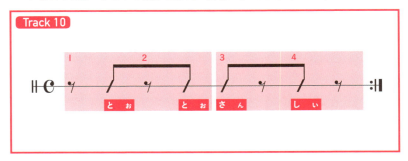

これらによって、16分音符も、8分音符も（旗の数こそ違えど）同じような表記でリズムを数えることが可能になります。

## 8分音符の2つ分の長さが4分音符

　8分音符の長さを2倍にすると **4分音符** と呼び、旗のない1本の棒になります。そして、4分音符の音を消す場合は、グシャッとつぶれて4分休符となります。8分休符が2個分の長さが、**4分休符** とも考えられます。

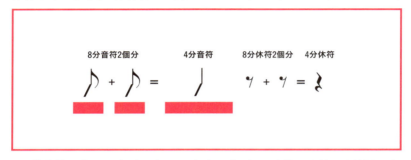

　4分音符は旗でつなぐことはできませんが、1小節に4拍で4拍子であることと同じ意味となり、読みにくくはないです。Track 10の後半（3＆4の裏）を、休符ではなく音を伸ばす演奏にすれば、下の譜面になります。白字の読み方で発声してみましょう。

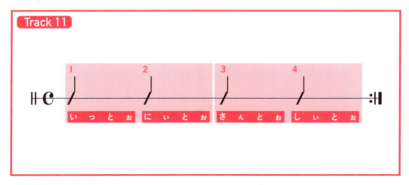

　このTrack 11の発声には意味があります。「ワン、ツゥ、スリ、フォ」と数えるのは、楽曲のスタート時にドラマーが声出しするカウントに便利ですが、それよりも細かくとらえ、「1拍には4個のタイミングが入っている」と認識したうえでプレイしていくことがタイム感の向上につながるのです。

## 4分音符と休符の組み合わせに慣れよう

4分音符の「2」を抜きで発声してください。ただし、心の中では、「にぃとぉ」を数えてください。休符を感じてプレイすることでテンポ・キープの訓練になります。

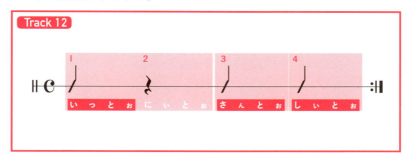

4分音符の「3」を抜きで発声してください。ただし、心の中では、「さんとぉ」を数えてください。

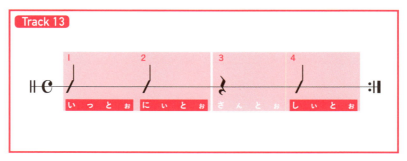

4分音符の「2＆4」を抜き、実音と休符を交互に数えてください。

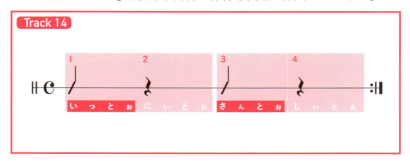

# あとはまとまっていくだけ

　16分、8分、4分音符が理解できたら、あとは、これまでと同様の手法でまとめていくだけです。ここからは、自分の楽器を使ってCコード（ドミソ）を鳴らしてみてください（単音楽器の場合はド）。

## 4分音符の2つ分の長さが2分音符

　4分音符が2個分の音の長さは**2分音符**といい、棒がついた白抜きのひし形で表記します。**2分休符**は、横線（五線譜では真ん中の線）に乗る形で四角い長方形を表示します。

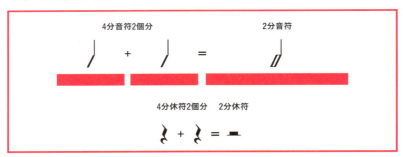

　Track 14の休符をなくして「2 & 4」で音を伸ばす演奏にすれば、下のようになります。Cコードを鳴らして白字を発声してみましょう。

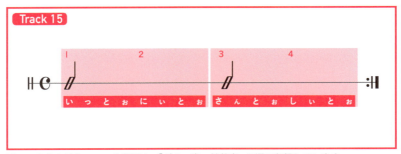

※ここからのダウンロード音源は、「ギター音→鍵盤音」の順で収録しています

## 2分音符の2つ分の長さが全音符

2分音符が2個分の音の長さは（小節全部を伸ばす長さなので）**全音符**といい、棒を消して、白抜きのひし形のみで表記します。**全休符**は、横線（五線譜では上から2本目）にぶら下がる位置で下側に四角い長方形を表示します。

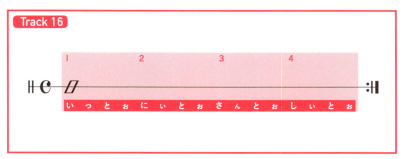

全音符は、すなわち1小節分の長さです。1小節を16分割した長さを2倍ずつで合体させてきて、ここで元に戻ったということになります。1小節分の長さで音を伸ばす表記は下記になります。

**Track 16**

ちなみに、2小節にまたがって音を伸ばす場合には「タイ」という曲がった線でつなげます。この「タイ」は、小節内でも、読みやすくするために、区切ってある合間をまたいで書くことができます。

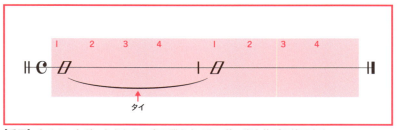

【重要】タイでつながったうしろの音は弾きません。前の音を伸ばし続けます。

● 第3章 リズム譜だけをマスターしよう

## ここまでを一旦まとめ

ここまでのリズムを、一度に表示すると、こうなります。この図を今すぐに覚えるということではなく、「タイミングの比較表」として、後で確認したくなった時に、このページを開いてください。

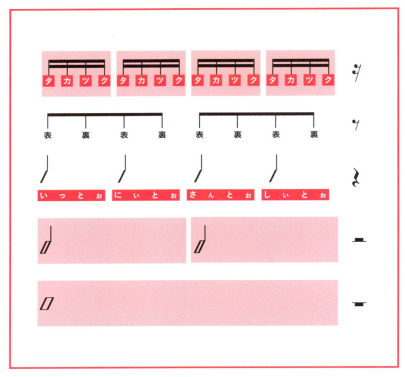

さて、ここまでのリズム譜の冒頭に「C」という記号を表記してきたのですが、これは「4分の4拍子」を略したマークです。「1小節に4分音符が4個入りますよ」です。3拍子ならば「1小節に4分音符が3個入りますよ」で「4分の3拍子」と呼び、$\frac{3}{4}$と表記します（P.034を参照）。

## 持っている楽譜でリズムだけを読んでみよう

　ここまでを理解したら、実際の（あなたが所持する）楽譜を見ながら（音高を無視して）リズムだけを読んでみるとよいです。その場合、いろいろな組み合わせがありますが、常に小節を「4分割」して見えない枠を想像するのが得策です。

　そして「タカツク」と「いっとぉ」の呼び具合は、自由です。楽譜を見ながらフレーズを弾く時には「**タカツク**」が、人にリズムの練習法を教える時には「**いっとぉ**」の言い方が便利だったりします。ここまでの総合練習としてTrack 17で、どの読み方が好きか試してみてください。

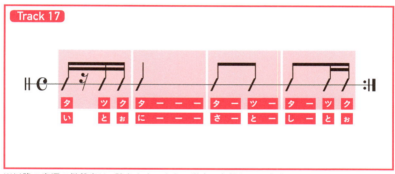

※以降の音源の鍵盤音は、聴きやすいように単音で収録しています

　タイミングを口頭だけで伝えるときには8分音符を基準に「1拍目の裏」などと表現もできます。ただし、8分音符の表でも裏でもない、たとえば、16分音符の最後のタイミングを口頭で伝えるのに苦労するのですが、そんな時には「**4拍目の裏の裏**」「4拍目の**『タカツク』の『ク』**」「**『しぃとぉ』の『ぉ』**」などと、相手に伝わるまでガンバります（相手の理解度にもよりますから、両者がリズム譜を読めたほうがよいという話ですね）。

● 第3章　リズム譜だけをマスターしよう　　**069**

# その他の法則

　ここまでで、音の長さは2か4の倍数であることを、「16分割された長さを2個ずつ合体＝戻す」手法で説明してきましたが、音の長さを「3個でつなぐ」方法や、拍をまたいで書いたほうが読みやすくなる表記方法があります。

## 3個分の音の長さは、1＋0.5

　音符を3つでまとめる表記があります。音符の右横に「・」を付けると「長さが1.5倍」になります。この「・」を付点といい、8分、4分、2分音符に対して「付点8分音符」「付点4分音符」「付点2分音符」と呼びます。3つの音にタイを付けるよりも読みやすくなります。

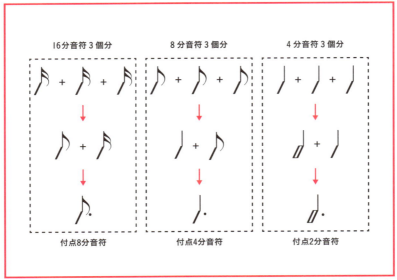

※全音符に付点がつく表記は（基本的に）ありません。付点16分音符も（32分音符の概念で）理論上は存在はしますが、本書では割愛します。

## 1.5倍が含まれるリズム練習

　前ページの「1.5倍の法則」によって、複雑に見えるリズム表記が生まれますが、実際には（書く手間が減り）読みやすくなっているということです。3パターンほど練習してみましょう。ゆっくり考えてください。
　16分音符が多い楽譜は「タカツク」で読むのがよいかもしれません。

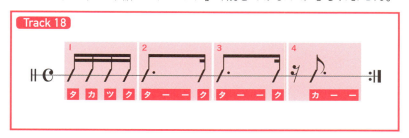

　16分音符を読み慣れてきたら、8分音符は「1と2と3ーーと（いっと、にぃと、さんーーと）」と16分の裏を省略する読み方でもかまいません。心の中では「と4（と、しっ）」も数えたほうがタイム感はつきます。

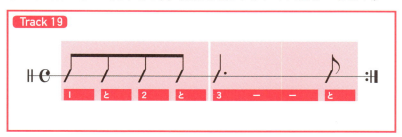

　慣れてきたら、読み方は自由としてTrack 20を弾いてみてください。

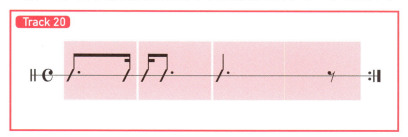

● 第3章　リズム譜だけをマスターしよう　　071

## 休符を1.5倍にする練習

休符にも付点（・）を付けることができます。1拍目にあるのが「付点8分休符」です。

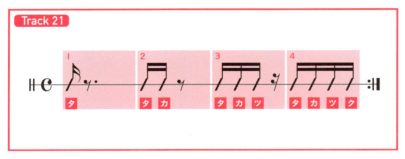

前半は「8分音符＆付点4分休符」。後半は「付点4分休符＆8分音符」です。

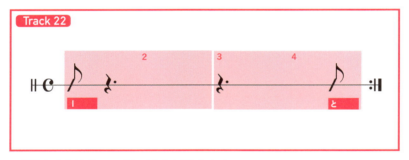

「付点2分休符」で「4」だけを弾きます。

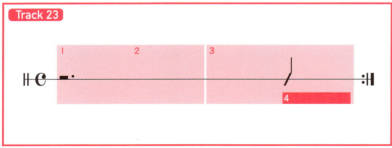

※全休符に付点がつく表記は（基本的に）ありません。

## タイでつなぐシンコペーション

P.067に出てきた「タイ」は、拍の分け目になっている部分をつなげてプレイする際にも役立ちます。たとえば、**小節の中央をタイ**でつなげると下のようになります。

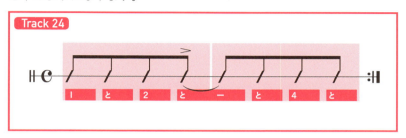

「3」を弾かずに、「2の裏」の音を伸ばすと、「2の裏」が前倒しにツッコんだ感じになります。そこにアクセントをつける意味で「>」と表記することもあります。こうした形で裏拍にアクセントがくるリズムを**シンコペーション**と呼びます。

次の譜例のように書いてしまうと、拍が数えにくいうえに、シンコペーションのアクセントがわかりにくくなってしまいます。

※これは読みにくい悪い例です

次の譜例を弾いてみてください。これが弾ければ、筆者としては「リズム譜は読める」と言ってよいと思います。

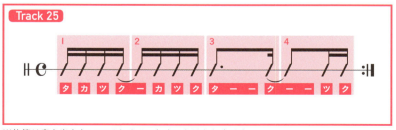

※休符は音を出さないのでタイでつなぐことはありません。

# 複雑なリズム譜を読むコツ

　ここまででリズム譜の読み方は、ほぼ網羅しました。これらの組み合わせに音高の要素が加わったものが五線譜です。音高は後で考えるとして、リズム譜の攻略のコツを説明します。

### どんなリズムも16で考えれば答えは出る

　下記は、わりと多くの人が読みにくいと感じるリズムです。音が少なく休符もバラバラで、ノリをつかむのに苦労しますが、アメリカのニューオーリンズで生まれた「**セカンド・ライン**」という有名なリズム・パターンです。ここからはAコード（ラ、ド♯、ミ）で弾いてください（単音の場合はラ）。すぐに弾けない場合は、下の解説を先に読んでください。

**セカンド・ラインの楽曲例**：ドクター・ジョン「アイコ・アイコ」、星野源「ドラえもん」

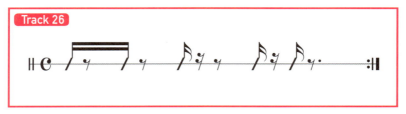

　複雑なリズムを攻略するには、一旦、4個をつないだ旗と、**出さない音も16分音符の×印で書いて**しまいます（次ページに続きます）。

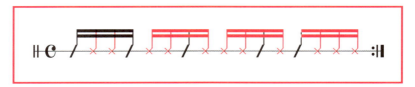

## 両手でリズムを把握する

次に16分音符を（右手スタートの）**両手で**膝を叩いてみてください。ゆっくりなテンポではじめ、徐々に×を弱く、／を強くしていき、リズムを口で言えるようにします。強く叩く**2個目の音（1拍目の最後の音）だけが左手**になります。弦楽器ではダウン／アップ・ピッキングのくり返しの中で空振りをしていくと**2個目の音だけがアップ**になります。

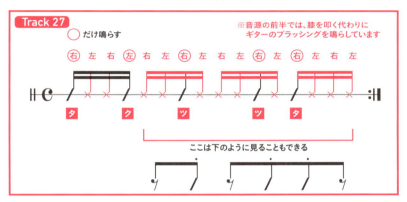

上図の下にある8分音符のリズム譜には、音符の上に「・」が付いています。これは「音を短く切る」という意味の「**スタッカート**」という記号です。8分音符をスタッカートで演奏すると、16分音符の実音と休符くり返しとほぼ同じになります。

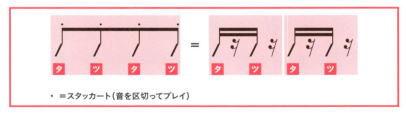

P.061で「音が少ないよりも16個のほうが読みやすい」とした意味が、わかっていただけたでしょうか。よって、本書は短い音符から説明してきたのです。ちなみに、このページのようなリズム習得でタイム感をアップする練習法は、筆者の次の教本で紹介する予定です。

# 別の拍子も表記の基本は4拍子

　ここまでで、4拍子の1小節を楽譜化する基本は説明し終わりました。他の拍子は、その変形です。2拍子は、4拍子の半分の書き方ですので割愛します。

## 3拍子の数え方

　3拍子は、4拍子の4拍目がない拍子です。冒頭に「3/4」と書くのは「1小節に **4分音符が3個** 入りますよ」という意味です。

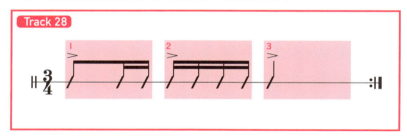

　他の5拍子や、7拍子などの変則拍子も表記の基本は、「分子／分母」です。分母に8と書いてある場合は、それにならいます。下記は「1小節に **8分音符が6個** 入りますよ」という意味の6拍子です。「6/8」で書かれており、3拍子の「3/4」との違いは、「中央で区切れる」、「**4個目にアクセントがくる**」などです。リズムのノリが違います。

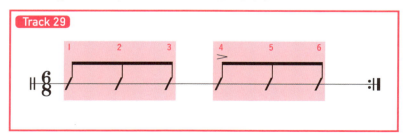

## 途中で拍子が変わる例

　下の譜例は、4拍子が途中で2拍増える例です。アもイもウも合計としては同じ拍数なのですが、楽曲によって、わかりやすくなるほうを選択します。

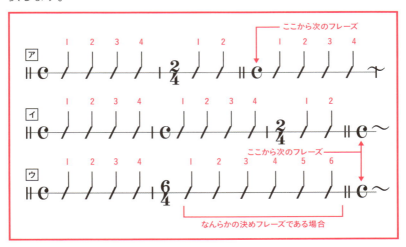

　このようなリズムが生まれる理由は、「**すべての楽曲の基本は2拍子**とも言える」からですが、2拍子で書くと小節数が多くなるので、4拍を中心で書いたほうが読みやすいのです。また、下のように12拍子は、4拍子とも言えます。Track 29に似ていますが、少しノリが違います。
**12拍子の例**：石川さゆり「津軽海峡・冬景色」、ジョン・レノン「ハッピー・クリスマス（戦争は終った）」

## 3連符

　Track 30が出てきたところで、3連符を説明します。1拍の音の長さを3分割することを「1拍3連」といい、下図エのように書きます。2拍の音の長さを3分割することを「2拍3連」といいオのように書きます。

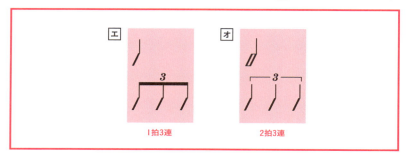

## 6連符

　1拍の音の長さを6分割することを「6連符」と言います。音の長さとしては8分音符を3分割するのと同じです。

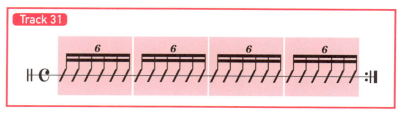

　1拍の中で、これらの連符が、他の音符と混在することもあります。

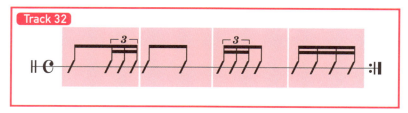

　他にも5分割であれば5連符、7個あれば7連符ということになりますが、これらは少し高度なプレイです。

## 跳ねるリズム＝シャッフル

前ページの図のうち[E]の3連符の真ん中を抜かしてリズムを刻むと「タ　ツ」（真ん中は休符）もしくは「ターツ」（真ん中は伸ばす）と跳ねるような躍動感のあるリズムになります。

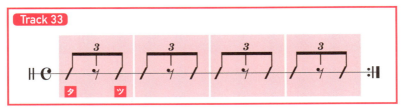

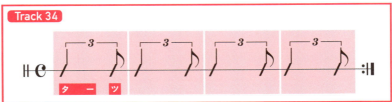

※2分割であるはずの音符を3つ並べて、旗がつながっている場合は「**3**」とだけ、旗がつながっていない場合は「——**3**——」でくくります。

このリズムのノリを守って、楽曲全体を「タ　ツ」もしくは「ターツ」と跳ねるリズムで演奏することを**シャッフル**と言います（跳ねない通常のノリを**イーブン**と言います）。3連符ばかりが並ぶと読みにくいので、楽譜の冒頭上に下記の記号を表示することで、「この曲はシャッフルで演奏する」という意味にします。

このリズムは、**8分シャッフル**とも呼ばれ、盆踊り、ブルース、ブギ、というジャンルで多く使われます。

**8分シャッフルの楽曲例**：「東京音頭」、「うさぎとかめ」「ヤン坊マー坊の唄」「線路は続くよどこまでも」

## 16分シャッフル

シャッフルのリズムは、Track 31の3個ごとの真ん中を抜かすことで、**16分シャッフル**とすることができます。テンポだけで言えば8分シャッフルの2倍のスピードみたいな感じではあります。

**16分シャッフルの楽曲例**：TOTO「ロザーナ」、スティーヴィー・ワンダー「愛するデューク」

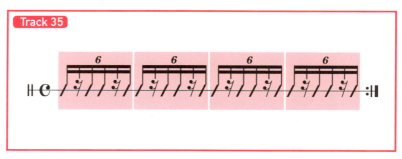

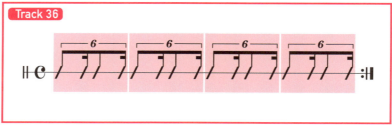

読むのが面倒な楽譜も、下のように冒頭に記号を置けば、8分音符中心でも、16分音符中心の楽譜でも、16シャッフルで演奏するということになります。これは、**ハーフ・タイム・シャッフル**とも呼ばれます。

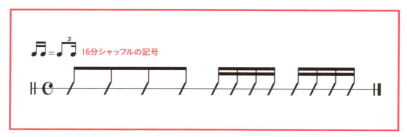

## 第3章のまとめ

この章では、1小節内でのリズム譜の書き方の基本を説明しました。あとは、これらの変形か応用となります。いずれにせよ、1小節内での考え方は、下記を知っていれば、それほど難しくもありません。

- ・音と休符の合計が、その拍子の1小節

- ・休符も数えてみればリズムは弾きやすくなる

- ・1.5倍の法則は、半分の3倍

- ・シンコペーションの後ろは空振り

- ・何拍子でも、1拍の理屈は同じ

ポップス＆ロックにおいて、ある程度のテンポ・キープをすることと、変化のあるリズムを把握してプレイすることは（楽譜の読める／読めないに関わらず）必須です。その理解で、もっとも重要なのは、拍に「表／裏」のくり返しがあって進んでいくということです。P.068の図が絶対なる基本で、これは楽譜の書き方の話だけでなく、躍動感のあるプレイをするための根本でもあります。それ以外は楽譜を書くための細かな書き方です。

## Column

## 曲の進行はルール記号のようなもの

　幼少の頃から鍵盤楽器を習っている人は楽譜が読めます。我々が頭を抱えそうな楽譜でも、ピアノを習って３年以上の子供は初見で弾くと思います。そうした子が、高校生になった時に見る楽譜や、クラシックの演奏家が読む楽譜は「すごい数の音符が書かれ、とんでもなく難しい」です。それに比べると、ギタリストやベーシストが読む楽譜は「とても簡単」です。

　ただし、クラシック界は、ステージ上で楽譜を見るものです（見ない演奏家もいます＆覚えるほど練習をします）。

　ポップスのミュージシャンの仕事（歌手の伴奏や１回限りのテレビ出演など）や構成の大変な曲のセッションなどでは譜面をステージに立てて見ることもありますが、ロックはステージで楽譜を見ないのが基本です。ここには個人的感想も含みますが、ロック・コンサートの出演者が楽譜を見ていたら少しボルテージが下がりませんか？　あるいは、楽譜台が邪魔でプレイヤーの手元が見えないのって少し残念じゃないですか？（というお客さん側のことも考えると、譜面なしのほうが潔い）。言ってみれば、理論を知らなくても楽譜が読めなくても、弾ければロック・ステージはできます。とともに「ロックは覚える必要がある」ということです。（フレーズは何度も練習するとして）曲を覚えるということは、「ダ・カーポ」「ダル・セーニョ」などで「これがあったら、ここに戻る」のような進行順序を覚えるということです。ということは、楽譜のルールを知ると、曲構成は覚えやすくなるということです。

第4章

Chapter:4

# ギタリストの プレイに直結する 読譜

弦楽器奏者の中にはTAB譜だけ読めればよいと思っている人もいるでしょうから、五線譜の音符を読む前に、プレイに関係する楽譜の考えどころを説明します。主にギタリスト向けの内容になっていますが、他楽器奏者の方もダウンロード音源を聴けば理解できると思います。ギタリストは練習もかねて、一度聴いて、同じように弾いてみてください。

# 弦楽器のみのTAB譜とは？

　TAB（タブ）譜という考え方は、五線譜が生まれるよりも前にあり、いろんな楽器ごとに弾きやすさを図版化したのがTABで、それをすべての楽器で読めるように共通化したのが五線譜だったりします。よって、ギタリストがTAB譜を見ることは恥ずかしいことではありません。

## TAB譜の見方

　TAB譜とは、Tablature（タブラチュア）の略として冒頭に「TAB」と書かれた、弦楽器のフレット数を表記する楽譜です。弦は上から1弦、2弦……になります。ギターを抱えた状態で見るネックと同じ角度です。

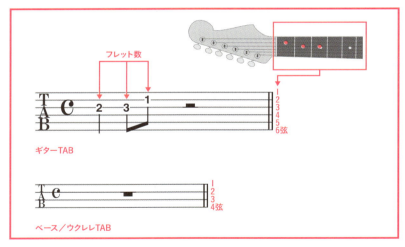

　上記では最初に3弦の2フレットを押さえ、次が3弦の3フレット、そして2弦の1フレットです。ベースTABでは4本弦の線になり、ギターの3〜6弦のオクターブ低い音に、ウクレレTABも4本線で、ギターの1〜4弦の5フレットと同じ音になります。

## 旗が上下に分かれているTAB譜

　数字につく旗の向きは、基本的に中央から上下の空間が余るほうに旗を書きます。そして、弦楽器を複数の指でピッキングする奏法の場合には、親指でピッキングする音が下向きになります。これは五線譜でも同じです。

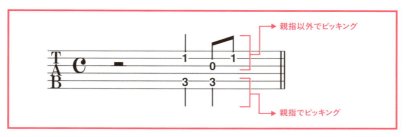

　以上がTAB譜の見方です。読み方自体はとても簡単なのです。それを実際の音にする奏法はたくさんあり、ただし、それは楽譜のアリナシに関わらないプレイ奏法ですので、実際に読むべき楽譜としてはTAB譜は簡単と言えます。

　そして、このTAB数字を（おたまじゃくしのような）丸に変えたのが五線譜の音符ですので、その先も「すごく難しいわけではない」のです。音符がたくさんあると弾くのが大変ですが、実際のプレイに必要な腕前は楽譜とは別です。

　人によっては「五線譜は読めなくても、まずは、その困難そうに見える譜例を攻略したい」という人も多いでしょうから、次のページからは、プレイに直結する読み方を説明していきます。

# 少し戸惑う書き方

楽譜の読み方がわかっても、多少、表記されていることがよくわからず戸惑うこともあるでしょう。「知らなくても弾けるけど、知っていたほうが早い」ことを説明します。

## アウフタクトとスラー

楽曲の冒頭で、音を出さない拍を省略して表記することがあります。下の譜例は、「3の裏」から3音が、本来の1小節目より前にはみ出している状態です。このように、本来の1拍目よりも前にメロディが始まることを**アウフタクト**と言います。これはTAB譜だけでなく、五線譜でも用いられます。

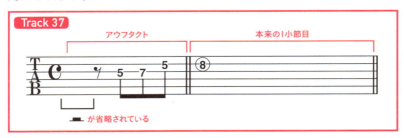

また、P.067で紹介した「**タイ**」に似たもので「**スラー**」という表記があります。スライドやハンマリングなどのテクニックを記す時に使い、五線譜ではタイを傾かせたような書き方になります。TAB譜では同じ線上でも音高が動くので、タイと同じように表記されます。

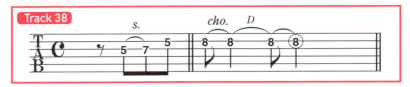

## テクニック記号

　ギターを基本として、テクニック記号を以下に一覧します。これらの記号があった場合、**後方の音をピッキングしない**のが基本です。なお、これらは楽譜によって若干異なる形式で表記される場合があります。

---

*S.* =**スライド**：指を滑らせる

*h.* =**ハンマリング・オン**：指を叩くように乗せる

*p.* =**プリング・オフ**：指を引きながら離す

*cho.* =**チョーキング**：弦を持ち上げて（下げる場合も）全音アップ

*H.C* =**ハーフ・チョーキング**：弦を半音分、持ち上げる（下げる場合も）

*Q.C* =**クォーター・チョーキング**：1／4音、音程を上げるチョーキング

*1H.C* =**1音半チョーキング**：3フレット分の音程のチョーキング

*2C* =**2音チョーキング**：4フレット分の音程のチョーキング

*W.C* =**ダブル・チョーキング**：2本の弦を同時にチョーキング

*D* =**ダウン**：チョーキングで上げた弦を戻す

*u.* =**アップ**：弦をチョーキングしておいた状態でピッキング

Vib. =**ビブラート**：弦を揺らす

Arm. =**アーミング**：アーム・バー使用

# 知ると上達する表記方法

　理解したほうがよいと思われるギター奏法の表記について説明をします。そして、ついでにダウンロード音源を参考にテクニック練習をしてください。

## ダウン&アップ・ピッキング

　下記の図は、ダウン・ピッキングとアップ・ピッキングを図版化した表記です。コードの場合でも、単音でも使われます。

⊓ ダウン・ピッキング　　V アップ・ピッキング

## 装飾音符について

　他の音符よりも小さく書かれた音符を**装飾音符**と言います。これは拍を数えないでプレイします。たとえば下左の譜例では、2弦6フレットを数えず、8フレットを2拍目とします。6フレットの音は1拍目の「タカツク」の「ク」の少しうしろのタイミングなのですが、右の譜例のように書くと読みにくくなってしまいます。これは「8フレットを鳴らせばいいが、装飾的に6フレットからスライドした」ということです。

左の書き方のほうが読みやすい

## ユニゾンは同時にピッキング

　下は**ユニゾン・チョーキング**の表記です。この場合、3弦7フレットが装飾音符なので、3弦を先に弾きたくなるのですが「**2弦と3弦を同時にピッキングして、3弦だけチョーキング**」します。2音を同じ音（ユニゾン）にするのです。実際には右の譜例のようになります。

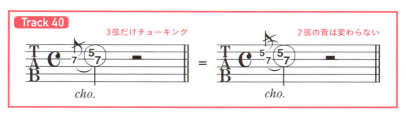

## トリルとグリッサンド

　「*tr*」**トリル**は、ハンマリング・オンとプリング・オフの連続で、ピッキングは最初の1回だけです。2つの音符の間に3本の斜線を書きます。

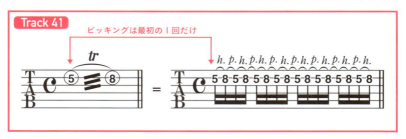

　「*g.*」**グリッサンド**は、スライドに似ているのですが「最初か最後の音、どちらかの音高がハッキリしていない」場合に使います。

第4章　ギタリストのプレイに直結する読譜

## まだあるギター・テクニック

**ブラッシング**は「×」で表記し、それが複音（コード含む）の場合は、縦に長くなります。音高の判断つかないアタック音という感じです。

**ミュート**は、ある程度の長さのフレーズに対して「M」と表記します。これは、「音を消す行為」との混乱を避ける意味で「Palm Mute（パーム・ミュート）」と書かれている場合もあります。**ブリッジ・ミュート**と呼ばれる場合もあります。右手をブリッジ近くの弦の上に乗せて、音高は消さないほどのミュート具合でプレイします。

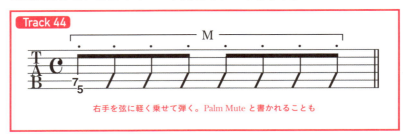

**ナチュラル・ハーモニクス奏法**は、縦のひし形ダイヤモンドでTAB数字を囲みます。主に、5、7、12フレットの上で弦を（フレットに当てないで）左手の指で触って、右手でピッキングし、すぐに離す奏法です。

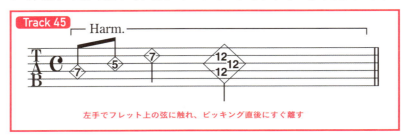

**ピッキング・ハーモニクス奏法**は「*P.h.*」と表記し、ピッキング直後に右手親指の下側で弦に触っていくことで高音を出す奏法です。

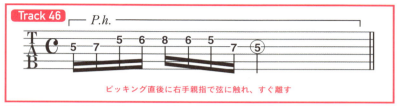

※Track 46、47のギター音は、エフェクターのオーバー・ドライブで歪ませています。

**タッピング**は「↓」または「Tapping」、「Right Hand」と表記されることもあります。この場合は、右手でハンマリング＆プリングをしたり、そのくり返しでトリルをすることになります。

**タッピング・ハーモニクス奏法**は「*Tapping Harm.*」と表記し、右手で「左手で押さえたフレットの12フレット高いフレットで弦を叩いて」音を出す奏法です。

また、「*Simile*（シミレ）」も覚えておくとよいでしょう。これは前の小節と同じように弾くことを指示します。

## Column

# 屋根と布団

　僕は楽譜を「絶対に読めないといけない」とも「読めなくていい」とも思いません。「読めたほうが便利」だと思います。楽譜はゴールではなく、入り口だからです。耳コピが入り口でも構わないですが、楽譜が読めるほうがリズム・プレイは上手になると思います。

　僕の叔父（故人）は傷痍軍人で目が見えませんでした。食事や歩くときの様子を覚えています。叔父の趣味は、ラジオの野球中継とパチンコ（玉を1個ずつ打つ時代）でした。

　僕が時々行く「鍼治療」の先生方（6人ほど）は全盲です。白い杖を持って町を歩く苦労話をたまに聞きます。そして、その先生方のうち2人はギターを弾きます。ちなみに、点字楽譜というものがあるらしいのですが、少し面倒なシステムだそうで、耳で覚えたほうが早いそうです。視覚障害のあるR-1グランプリの漫談家、濱田祐太郎さんもギターを弾きます。

　音楽は、衣食住に乗ったうえでの「レクリエーション」です。着る物と食べる物があり、明日も屋根と布団の心配がなく、体もそこそこ健康である後に選べる「娯楽」です。今日も楽器を触れるということは幸せです。

　僕は、時々目をつむって家の中を歩いてみます。目をつむってギターを弾く練習もします。ギターは目をつむっていても弾けます。楽譜は目が見えるからこそ読めます。

第5章

Chapter:5

# 音符を読むコツ

この章では、五線譜の音符を読むことにトライします。とはいっても、ここではリズムを簡単にしておきます。そして「読む」というよりも「弾き慣れる」ことを優先してください。「読むけれども、目的はあくまでも弾くこと」であることを忘れないでください。

# 音符が読める利点

　弦楽器では、TAB譜が読めれば入手したコピー譜が弾けるようになります。しかし、TABには少し欠点もあり、五線譜にはそれを補う独自の利点があります。

## 他楽器のメンバーと共有しやすく、視覚的に見やすい

　TAB譜は弦楽器だけの記譜法ですし、ギターとベース（やウクレレ）などの別楽器になると完全には共有できません。そして、**弦楽器以外の奏者は大抵、TAB譜が読めません**。よって、自分のために練習するときや、レッスンで教わるときにはTAB譜でいいのですが、バンドなどで共有するには、五線譜が読めたほうが便利です。

　ギター・テクニックをTAB譜にすると、いろいろなテクニックに付く「斜め線の表記」がどれも同じスラーになったり、チョーキングで音程は変わっているのに、その変化を視覚的に表現できないなどの難点があります。その点、五線譜は「上方向が高い音／下方向が低い音」と配置されるので、見た目から「**音の高低がイメージしやすい**」です。

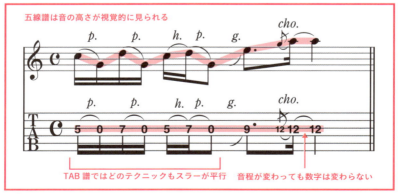

※「この弦のこのフレット」と明確にポジションを示せるなど、TAB譜ならではの利点もあります。

## 数字は読む、音符は見る

　下記のサイズ違いの2譜例を見比べてください。小さな表示の楽譜では、「数字」を読み間違うことがあります（3と8と9、5と6など）。音符は、黒か白の玉で表されるグラフィックで、線の間か、線の上に乗っているので見やすいです。両者には**文字を読むのと、絵を見ていくという違い**が、あります。

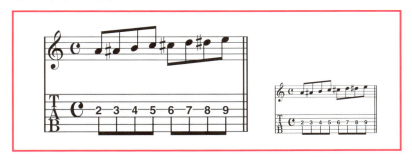

　なお、本書では音符が置かれる位置が、線の上の場合を「**線上**」、線と線の間の場合を「**線間**」と呼ぶことにします。

　TAB数字の9以下の数字を読み間違えなかったとしても、**2桁の数字が羅列されるTAB譜は見づらく**、間違えやすくなります。それと比べれば音符は2桁になることもなく、横幅もとりません。

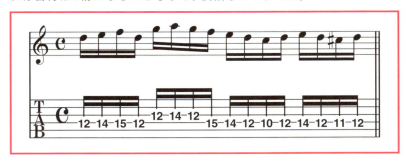

● 第5章　音符を読むコツ　　097

# 少ない音からはじめよう

　音高は12個しかありません。そのうち1曲で中心となる**ダイアトニック・スケール**と呼ばれる音は7個（Cキーは「**ドレミファソラシ**」）で、それらの各音に♯（シャープ）や♭（フラット）記号で音を半音ズラして残りの5個を表します。ここでは、少ない音数から徐々に音符に慣れていく方法論を紹介します。

## 五線譜には2種類の表記方法がある

基本的に、楽譜には2種類の表記があります。

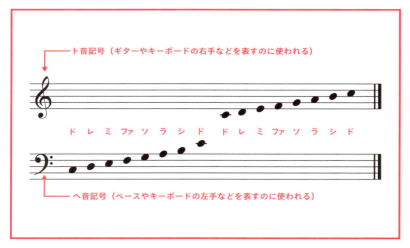

　ギターでは上段の**ト音記号**楽譜を、ベースは下段の**ヘ音記号**楽譜を中心に読むことになります。鍵盤楽器では上下両方（主にト音記号が右手、ヘ音記号が左手）を見ます。これらはいずれも五線譜の冒頭の記号で判断します。

## 最初にマスターするポジションを決める

　はじめからたくさんの音をいろいろなポジションで弾こうとすると、かえって難しくなるので、ここでは「最初に覚えるべきポジション」を下に限定します。弦楽器では「ド〜ファ」と「ソ〜ド」が同じ配置となります。これを「飛ぶ、飛ぶ、飛ばない」が2回あると覚えてください。

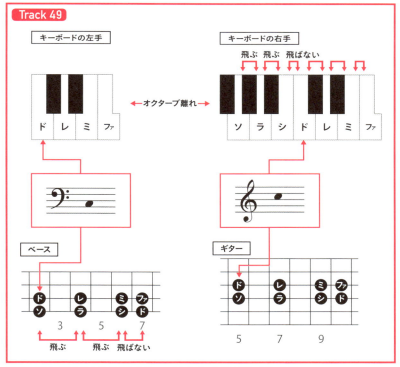

※音源では、覚えるために「ミ＆ファ」「シ＆ド」を速く弾いています。

　まず「ドレミファ／ソラシド」、および「1、2、3、4／5、6、7、8」と発声しながら慣れるまで弾いてください。その時に「ミ(3)とファ(4)」「シ(7)とド(8)」が「飛ばない」だと認識しておいてください。また、ギターとベースでは「ド(1)とソ(5)」が上下に並んでいることも覚えておきましょう。

● 第5章　音符を読むコツ　　099

## 練習法は3種類

「読譜」は勉強と思わず、ゲーム攻略の遊びだと思いながらトライするとよいです。本書では、**3種類の取り組み方**を紹介します。

**その1** 音高を発声

楽譜を見ながら「**ドレミファソラシ（ド）**」を発声するやり方。最初は音高が正しく言えなくても、徐々に音程が合っていきます（音感が身につく）。ただし、この方法はC以外のキーや♯や♭が増えるとやりづらくなってくるので、「**その2**」も検討してください。

**その2** 度数で数える

ある音から、他の音への間隔を数えることを**度数**と言います。音高を「1、2、3、4、5、6、7、(8)」と度数で読むと、C以外のキーの楽譜に対応できるようになります（コード感が身につく）。たとえば、Dキーでは「レ」から「1、2、3……」と数えます。

**その3** 音高を気にせずポジション弾き

「**この位置に音符**が書いてあったら**ここを弾く**」という風に、視覚と身体の動きを直結させる方法です。音高や度数が言えなくても構いません。ひたすら弾くことを目的とします。

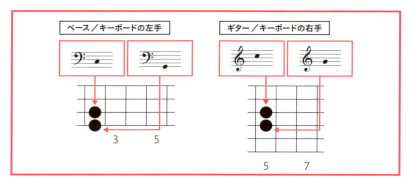

## トライする癖を持とう

前述の3つの方法を順番に試してみましょう。まずは その1 から。

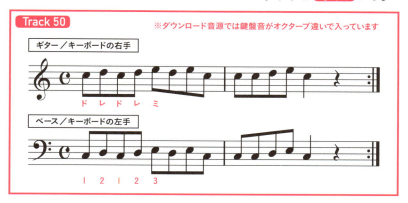

その2 　上記の譜例を「1、2、3」でも発声してください。

その3 　上記の譜例を自分の楽器で弾いてみてください。

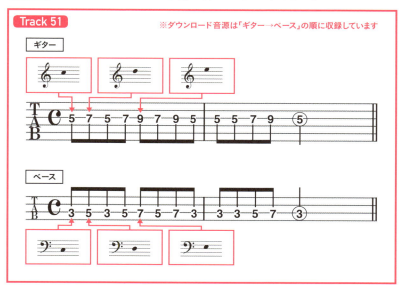

　この先は、どれかの方法をチョイスするのでも、3種類ともやっていくのでもOKです。まずは「トライする癖」をつけることです。

# これが読譜のコツだ!

ここで読譜のコツを書きます。音符を1個ずつ初見で読むだけではなく、「隣に移動」「さっきの音符に戻る」などの意識を持つとよいです。

## 音は隣に移動＆戻ることが多い

Track 51は並んだ3音だけなので割と簡単に読めますが、このような近い音程の動きを読むにはよいコツがあります。たとえば、「ド」と「レ」は「隣」と意識します。

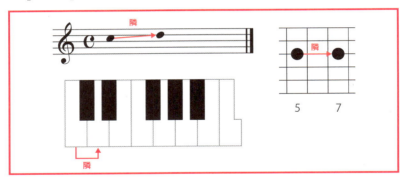

そして、再び「ド」にいくときは、「戻る」と意識してみてください。

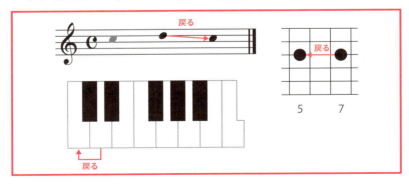

## 隣の隣はジャンプ

「ミ」は、「レの隣」、もしくは「ド」からの「ジャンプ」だと思ってください。音が下がる場合も同様です。「ジャンプ」では、2つの音が「線間同士」もしくは、「線上同士」になります。

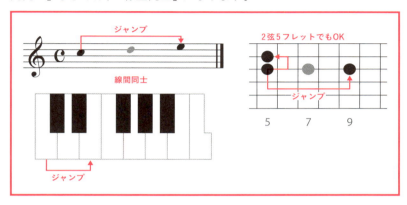

## メロディは音のなめらかな流れ

「隣」「ジャンプ」の考え方が有効なのは「音楽には、川のような美しい流れがあるから」です。もちろん離れた音程に移動することもありますが、「順番に隣の音へ移動すること」や、「同じ音が何度も出てくる」もしくは「さっきの音に戻る」ことが多いのです。

## まずはドとソの位置から覚えよう

21フレットのエレキ・ギターの場合、計126カ所のポジションがあり、すべて覚えるのは大変です。まずは「ダイアトニックの7音の音符はどこのフレットか」を覚え、その「オクターブ違い」や「シャープやフラットの位置」を覚えていきましょう。その入り口としては「ド（度数の1）」と「ソ（度数の5）」の位置（P.099参照）を覚えるのがよいです。

● 第5章 音符を読むコツ 103

## ド（1）〜ファ（4）に慣れる

　発声は「ドレミファ」か「1、2、3、4」を発声しながら楽器で弾けることを目指しましょう。「ファ」は「ド」からの「**3段飛び**」と考えます。これ以降のダウンロード音源は、3回のくり返しで「カラオケ→ピアノ→ギター」の順に入っているので、1回目に自分の楽器で弾いてみて、2〜3回目の模範演奏を参照してください。

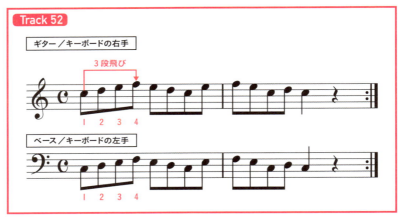

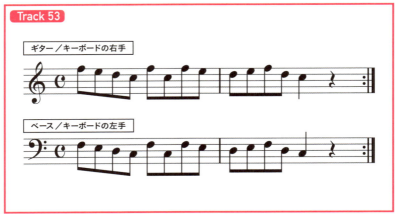

　「1〜4」への移動が少し大変な場合は、スライド気味にしたり、2弦を使用してもOKです（P.103上の右図を参照）。

## ソ (5) 〜 ド (8) に慣れる

「ソラシド」か「5、6、7、8」を発声しながら練習してください。

ここで前ページのパターンと合体させてみましょう。

● 第5章 音符を読むコツ

## オクターブ違いの表記法

ダイアトニック音をオクターブ違いで弾くと、**他の弦でも「飛ぶ、飛ぶ、飛ばない」が同じ配列**になるポジションがあります。

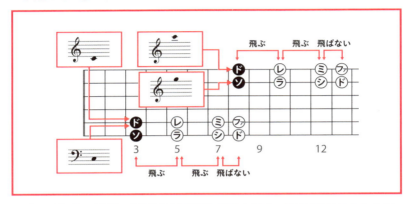

高い（あるいは低い）音域を五線譜で記す場合、下の図の右のように、音符が五線から離れてしまい、読みづらくなってしまいます。

そこで下記の左のように「オクターブ違い」の記号を使います。「五線からはみ出した音符が多く集まった箇所」に採用します。「$8va$（オッターバ）」は1オクターブ高く弾き、「$8va\,bassa$（オッターバ・バッサ）」は1オクターブ低く弾きます。

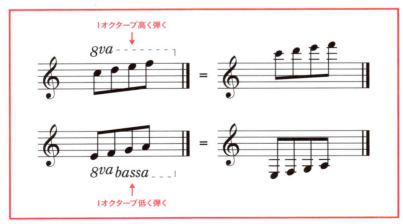

## 他のポジションに置き換える

　ギタリストは割と近い（運指が楽な）ポジションで弾く練習もしてみましょう。下のポジションを「（度数の）3と4、7と8は飛ばない」を意識しながら、10回は弾いておいてください。

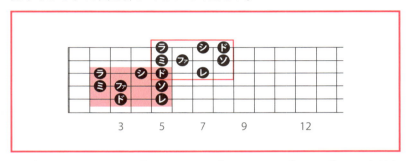

　ギタリストは、下の譜例を上記のポジションを使って弾いてください。1でもある「8」と、「5」から、低音側に「隣／ジャンプ」を意識して弾くようにしてください。

　弦楽器の場合、Track 52〜56は同じ弦を使用し続けることが難しかったかもしれませんが、「隣／ジャンプ／3段飛び」を認識したうえで、Track 57のように指が届きやすい異弦同音に置き換えると、使えるポジションが増えていきます。

## 低音の開放弦に慣れよう

　ここまでに使用していない音符、およびベーシストに重要なポジションは下図です。10回ほど弾いておいてください。

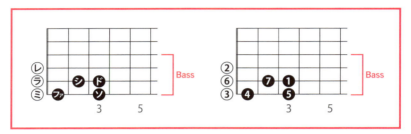

　ロー・ポジションでの音は、**コード・フォームのルート音**（大文字音）と直結させて覚えている人も多いと思います（「5弦開放＝A（ラ）」など）。今度はそれを下譜例のように音符ともリンクさせます。

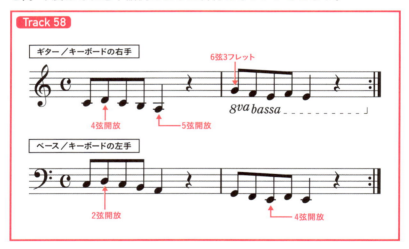

　「まず読めればいい」という観点で言えば、開放弦と押弦の混在でプレイしていくよりも、開放弦を使わずに（すべて押弦で）プレイしていくほうが本来は読譜はしやすいです。

## ベースの基本は1と5

ベースでは、コードの1度（ルート）と5度を弾いていくことが基本で、1度に対して**1本細い弦の2フレット高い音が5度**と確定しているので楽です（♭5の付くコードは除く）。1度と5度はジャンプ2回分の「線間同士」「線上同士」と考えると見やすいです。

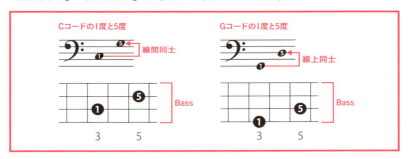

上記はベースでの説明ですが、下記譜例は、ベーシストもギタリストも鍵盤奏者も弾いてみてください。

第5章　音符を読むコツ

# この先の考え方

　ここまでは方法の説明でしたが、あくまでも「この方法で時間をかけて楽譜に慣れていく」ことが重要です。ここでは、次の段階として楽譜の表記ルールを説明します。すべて便利な表記法です。

　この先はト音記号譜のみの掲載となりますが、ベーシストは1オクターブ違いだと思って考えてください。もしくは、ト音記号の楽譜をヘ音記号の楽譜に書き換えてみるのもよい読譜練習になります。

### ♯（シャープ）は半音高く、♭（フラット）は半音低い

　Cキーで言うと、ダイアトニック7音以外の音は、「ドレミファソラシ」に臨時記号という♯か♭をつけることで表示します。どちらも半音（1フレット）ずらし、♯は高い音、♭は低い音になります。

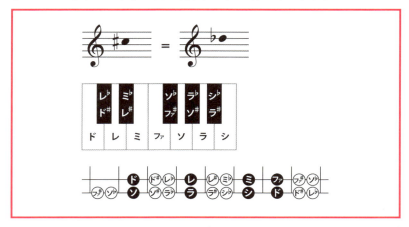

　♯と♭によって同じ音の意味となる場合があります。たとえば、ド♯とレ♭は同じ音です。また、「ミとファ」「シとド」の間には音がないので、ポップスではミ♯、ファ♭、シ♯、ド♭の表記はめったにありません。

## ♯と♭の表記ルール

　ポップスの譜面での臨時記号は、♯か♭のどちらかで統一して書かれることが多いです。また、「臨時」と呼ばれるだけに**一枚の楽譜で**それほど**たくさんは出てきません**。よほど多くの臨時記号が出てくるなら、そもそも別のキー（書き間違い）か途中で転調している曲である可能性が高いです。

## ナチュラルへの戻り方

　臨時記号は、その小節内まで有効となります。たとえばド音に♯がついた後、「**小節内でもう一度出たとき** or **タイでつながった次の音もド♯音**」です。「**次の小節になったら解除され、元のド音**」に戻ります。そして、小節内で元のド音に戻すには、「♮（ナチュラル）」を表記します。

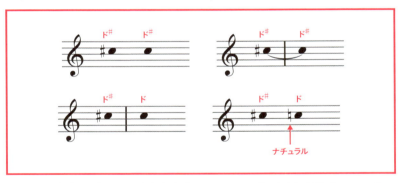

　他に、音楽理論には、♯♯（ダブル・シャープ）や♭♭（ダブル・フラット）という概念もありますが、ポップス譜ではめったに使用しません。

## 他のキーの場合

　キーとは、ダイアトニックをスタートさせる「1」を指す音階です。たとえばDキーの場合、レ音を「1」として「ドレミファソラシ」と同じ間隔で7音にすると、「レ、ミ、**ファ♯**、ソ、ラ、シ、**ド♯**」と3＆7番目に♯がつきます。Dキーではファとドが♯するということです。これを毎回表記していくと読みづらくなるので、五線譜の冒頭に♯を置くことで、その楽曲内では「ファ」と「ド」は♯すると指定できるのです。

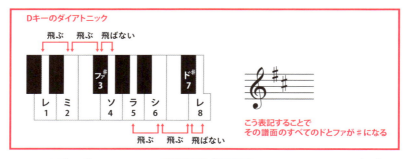

　これを読む際は、P.100の **その2** **その3** を活用します。まず、「レ」を「1」として、「1」や「5」からの「**隣／ジャンプ／3段飛び**」ととらえて読んでいけばよいです。

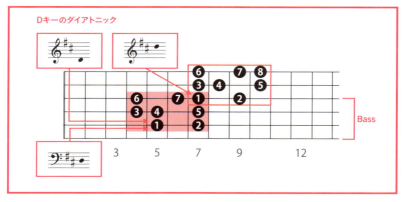

　この方法は他のキーでも応用できますが、まずはCキーでの練習を徹底的に行って慣れてから、他のキーに進むことをオススメします。

112

## ♯と♭系キーの調号表記

曲のキーを知るには、楽譜冒頭の♯と♭を数えればわかります。この表記を**調号**といい、楽譜を書くときの基準となります。また、メジャー・キーと3度低いマイナー・キーは平行調ですので、たとえばCキーとAmキーは同じ表記となります。

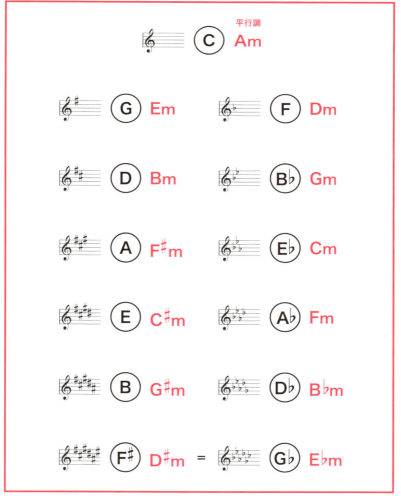

※「平行調」や、調号の思い出し方は『音楽理論がおもしろくなる方法と音勘を増やすコツ』で説明しています。

## 難しい楽譜を簡単にする裏ワザ

とあるギター・レコーディングに呼ばれた時のことです。差し出された楽譜は♭が6つ書かれているG♭キーでした。かなり読みにくかったので、**半音下げチューニングにして、すべての「ファ」に♯を書いて、**調号の♭を無視して弾きました。もし、♯が5つのBキーの楽譜が出てきたとしたら、**ギターの1フレットにカポをして「シ」「ミ」に♭を書く**と読みやすくなる場合もあります。

上記のワザは、楽典クイズのような話です。♯や♭が少ないキーの楽譜ではP.112のような練習をしていくことが基本です。それは、「音符を読む」のではなく、「黒い丸で書いてある音の**キーごとの度数を弾く**」という感覚であり、Cキーの練習時から「 その2 」をやっておくとよいということでもあります。

## 間違いを修復すると上手に見える

そして、少しくらい弾き損じてもテクニックで修正は可能です。「低い音を弾いちゃった」ら、**チョーキング**や**ハンマリング**すればよいです。「高い音を弾いちゃった」ら、**スライド**か**プリング**させて修復すればよいです（鍵盤はスラーで修復）。それは、P.119のTrack 61のような表現にもなり、かえって「上手なプレイ」に見えたりもします。その際に大切なのは**「間違えた」という顔をしない**ということです。

# 第5章のまとめ

　この章では、「線間」か「線上」の音符から「隣／ジャンプ／3段飛び」を弾く方法を説明しました。

## 隣／ジャンプ／3段飛びのおさらい

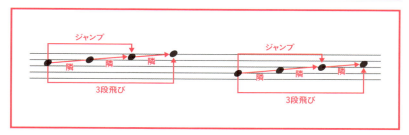

　「1」と「5」をスタートとして、だんだん「見た瞬間に押さえるべきフレット（or鍵盤）がわかる」を増やしていきます。その次に、弦楽器では「別のポジションの異弦同音」を弾いてみることで指板を網羅していけますが、「自分が得意とするポジション」はギターなら3弦5フレットの「ド」の前後だと考えておくのが得策だと思います（筆者は、今でもそうです）。

　そして、音符を楽譜通りに弾くのが音楽ではなく、「音の流れ」を表現していくのが音楽です。

## もうひとつの提案

　音符を楽器で弾く以外の練習として、持っている楽譜を、ただ書き写してみてください。漫画やイラストでは模写と言います。それを行っている最中に（自覚はなくても）必ず何かが上達します。

## Column

### 初見よりも表現のほうが大切

　クラシックでは、昔の作曲家が作った楽曲を、いろいろな楽団がアレンジせず演奏します。でも、同じ演奏にはなりません（楽団ごとにCDが発売されるみたいなこと）。同じ楽譜を見ても、プレイヤーによって違い（個性）が出るということです。

　レシピがあれば美味しい料理が作れるとは限りません。「作れる」と「美味しく」は別です。楽譜があれば表現豊かなプレイができるとは限りません。「弾ける」と「奏でる」は別です。

　「楽譜を初見で弾かなければいけない日」はめったにありません。あったとしても、大抵の場合に時間に猶予があります。そして「オリジナリティ、表現力、躍動感」などの「楽譜に書かれていないニュアンス」を求められるのがポップスとロックです。すべてのコードは初見で弾けたほうがよいですが、音符は「時間をかければ読める／書ける」でよいのです。ドレミなどの音高で読めなくても、2、3個の音を出せれば「隣／ジャンプ／3段飛び」で弾けます。レシピを急いで読む必要はありません。

　100人が同じレシピで料理をしても、味は100通りになります。レシピを持っていても＋αのハートは必要です。楽譜が読めれば音楽になるわけではありません。楽譜は「表現豊かな音楽をプレイするための基本レシピ」です。

第 6 章

Chapter:6

# 楽しんで
# 読譜トレーニング

最終章では、リズム譜と音符の両方を読んでいく練習をしましょう。各譜例で、すぐに弾くのが難しい場合は、「音符を無視して、リズムだけ発声してみる」「リズムを無視して、音符だけを弾いてみる」をやった後に、同時にチャレンジしていくとよいです。

## リズムと音符を同時に読もう

　ベートーベン交響曲第9番「歓喜の歌」の合唱部です。ダウンロード音源では、下の譜例を2回収録してあり、1回目はメロディなしのオケ、2回目にピアノ、3回目にギターが鳴ります。

※ギター音は、エフェクターのオーバー・ドライブで歪ませています。

　Aセクションは「隣」の動きだけでできています。これが弾ければ「入口としての読譜はできる」ということです。次ページの譜例（とダウンロード音源）は、ギター・テクニックを入れた表現ですが、鍵盤奏者も五線譜で（テクニック記号を無視して）弾いてみてください。

## 自分の表現を探そう

楽譜通りに弾くだけでなく、リズムをずらしたり、テクニックも使って、「**楽譜に書かれていないニュアンス**」を入れて弾くことにも挑戦してください。Track 61は、2回目がピアノ、3回目がギターでTrack 60を崩して弾いた例です。下の譜例では7小節目以降を省略しています。

市販されているコピー譜は、このようなテクニックが満載ですが、実際にはTrack 60の譜例が読めれば「楽譜が読める」と思ってよいです。

## 2音のハーモニーを弾こう

　譜例は「かえるのうた」です。後半で3弦のメロディに「ジャンプ」でハーモニーを積んでおり、この2音は線間／線上同士になります。ギターでは、この位置関係を「**縦、斜め、斜め、縦**」ととらえてください。

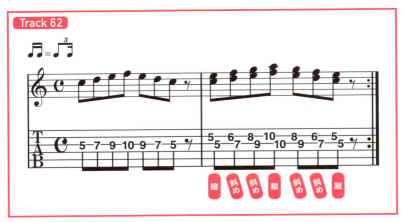

　弦楽器では、単音を弾くよりも、「**縦、斜め、斜め、縦**」を考えながらハーモニーで弾いたほうが弾きやすかったりもします。上のTAB譜例の後半は、CキーのダイアトニックΦコードの2弦と3弦だと考えます。

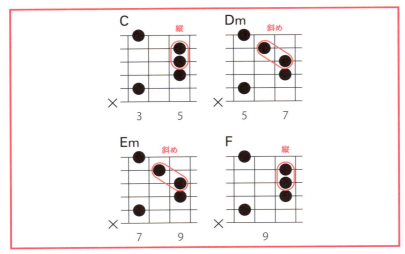

## ハーモニーはコードの一部

　下の譜例を2～4弦の横移動で弾いてみてください。鍵盤では横移動にはなりませんが、弾いて指の動きを確認してみましょう。後半にはGとAmのフォームが出てきます。

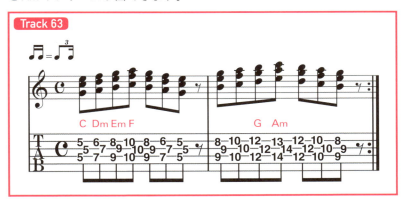

　CキーのダイアトニックコードI「C、Dm、Em、F、G、Am」を使えば、3音のハーモニーが弾けます。これは、ダイアトニック・コードが**「メジャー、マイナー、マイナー、メジャーが2回」**と順番が決まっているから覚えやすいです。ギターの場合は、3＆4弦が同フレットであり（**Bm**だけ♭5が付くので省く）、前半はP.099で最初に覚えたポジションになっています。

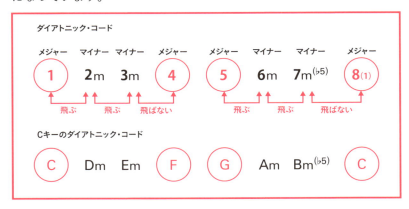

● 第6章　楽しんで読譜トレーニング

## コードとメロディは関連している

　TAB譜を読むのでも、音符を読むのでも必ず「コード名を見る癖」を持っておきましょう。メロディは絶対にコードに関係しています。まずは以下、ロシア民謡（ゲームのテトリスでも知られる）「コロブチカ」を弾いてみてください。

※余談ですが、この曲はAmキーの曲でありながら、最初のコードがE7から始まるという特殊な曲です

## コード名は常にチラ見しよう

　下記は、Track 64のTAB譜の例です。ピンクで囲った３カ所は、ギターの５フレットをバレーする**Amの４〜２弦と一致**するので、「今はAm」と認識していたほうが弾きやすくなります。Dmも同様です。さらに、コード名を見ないで１音ごとに弾いていくと音がプチプチと途切れる演奏になりがちですが、コード・フォームを意識していれば音を綺麗につなげて弾けるものです。

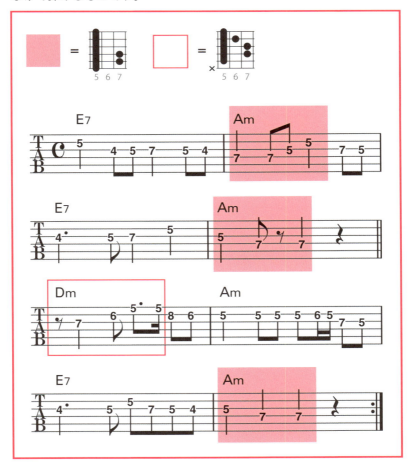

## 4のノリの上で3を数えるコツ

　P.074のTrack 26と類似した譜例に挑戦します。まず、下の譜例を弾こうと試みてください。

　1～3小節は、弾くべきタイミングだけを見ると3タイミングごとに音を出すのですが、まずは**全部のタイミングを、言葉遊びで歌う**と弾けるようになります。下記の言葉を発声しながら、最初はゆっくり、徐々にテンポを速めて、何度も弾いてください

　そして、徐々に追加した音（と赤字の声）を消していき、「が・・く・・ふ・・か・・く・よ・」だけを残せば、Track 66がタイム感よく表現できるようになります。

## 真剣に1回、楽譜を読んでみよう

　最後の譜例練習です。どれだけ時間がかかってもいいので読んでください。ダウンロード音源の1回目はカラオケです。2回目は鍵盤音です。3回目は譜面通りのギター音、4回目にテクニックやオクターブ違いを入れたギター・プレイが入っています。

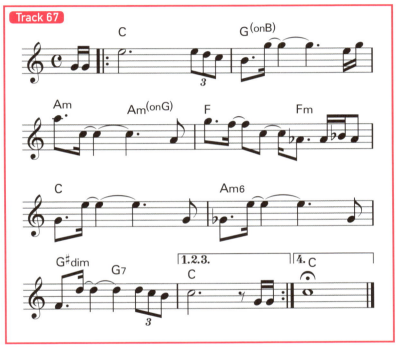

※ギター音は、エフェクターのオーバー・ドライブで歪ませています。

## 以上で、本書は終了です！

このページの楽譜が読めるなら、「相当、読める」と言ってよいでしょう。まずは「時間をかければ読める」と自信を持って、1小節ずつ読むごとに、その自信が増えていくことを願います！　お疲れさまでした。

# 本書のまとめ

　本書では、楽譜が手元にあるならラッキーと、うれしく思える考え方を伝授しました。歩み方は千差万別ですので、TAB譜だけを読むのでもOK、音符を読むのもOKです。どのように進んでいくのでも「**音楽が好き、楽器演奏は楽しい**」を忘れずにエンジョイしていきましょう。この先は、入手した楽譜で「リズムだけを発声してみる」「音高で発声してみる」を何曲もやっていけば、楽器を持っていないときでも読譜の練習となります。

　市販されている楽譜は、細かいテクニックを網羅した複雑な楽譜なのですが、実際に**ミュージシャンが見る楽譜の情報は少ない**ということを認識し、まずは「Cキーの楽譜を見つけたら弾いてみる」という進み方を2年ほどしてみれば、その後は、他のキーでも怖くなくなります。

　物事を否定から入る生き方には、不快が近寄ってきます。楽しいことを見つけていく生き方に、ウレシイが近寄ってきます。楽譜があるのは「うれしいこと」だと、**思い込んで**進んでいくと音楽人生は楽しくなります。本書を読み終わったあとに「まだ私は読めているうちに入らない」と思っても、入り口として「読める人になりたい」という気持ちをキープし続けていくことで、「**ウニが美味しいと知っている人生**」を歩んでいってください。

# おわりに

楽器も楽譜も

## ウレシイのモト

2018年8月　いちむらまさき

**Profile**

　岐阜生まれ、東京都調布市在住。ギタリスト、ウクレリスト、マンドリニスト、ライター。録音、ソロ活動、楽器セミナー、ライブをしつつ、数々の教則本を出版。『ギター・コードを覚える方法とほんの少しの理論　600個のコードを導く7のルール』『コード進行を覚える方法と耳コピ＆作曲のコツ』『ギター・スケールを覚えないでアドリブをはじめる方法』『ギターを弾いているだけで音感がアップする方法』『ウクレレ・コードを覚える方法と押さえやすい指選びのコツ　300個のコードを導く6のルール』（すべてリットーミュージック）などを執筆。調布市と、神奈川県橋本でギター／ウクレレ講師も。本書を説明する動画をYouTubeにアップしていきますので、探してみてください。
ホームページ：http://www.geocities.jp/ichimuramasaki/

## 楽譜を見るのがうれしくなる方法と
## プレイに直結させるコツ

### 著者：いちむらまさき

2018 年 8 月 24 日 第 1 版 1 刷 発行
定価（本体 1,300 円＋税）
ISBN978-4-8456-3274-9

【発行所】
株式会社リットーミュージック
〒 101-0051 東京都千代田区神田神保町一丁目 105 番地
https://www.rittor-music.co.jp/

発行人：松本大輔
編集人：永島聡一郎

【乱丁・落丁などのお問い合わせ】
TEL：03-6837-5017 ／ FAX：03-6837-5023
service @ rittor-music.co.jp
受付時間／ 10:00-12:00、13:00-17:30（土日、祝祭日、年末年始の休業日を除く）

【書店様・販売会社様からのご注文受付】
リットーミュージック受注センター
TEL：048-424-2293 ／ FAX：048-424-2299

【本書の内容に関するお問い合わせ先】
info @ rittor-music.co.jp
本書の内容に関するご質問は、E メールのみでお受けしております。お送りいただくメールの件名
に「楽譜を見るのがうれしくなる方法」と記載してお送りください。ご質問の内容によりましては、
しばらく時間をいただくことがございます。なお、電話や FAX、郵便でのご質問、本書記載内容
の範囲を超えるご質問につきましてはお答えできませんので、あらかじめご了承ください。

編集担当：永島聡一郎

デザイン：柏崎莉菜
イラスト：いちむらまさき
編集／ DTP：熊谷和樹
浄書：久保木靖（Solo Flight）
印刷所：中央精版印刷株式会社

©2018 Masaki Ichimura　©2018 Rittor Music Inc.
Printed in Japan
本書記事／写真／図版などの無断転載・複製は固くお断りします。

落丁・乱丁本はお取替えいたします。
本書記事／写真／図版などの無断転載・複製は固くお断りします。

JCOPY ＜（社）出版者著作権管理機構 委託出版物＞